Diogenes Deluxe

Weil sein Auto eine Panne hat, gerät Alfredo Traps in eine Villa, in der vier ältere Herren ein Gerichtsspiel abhalten, das ihnen – ehemaligen Richtern, Staatsanwälten und Verteidigern – zum Zeitvertreib dient. Traps übernimmt die Rolle des Angeklagten, und man versichert ihm, eine Schuld werde sich schon finden lassen.
Eine der großen Prosageschichten des 20. Jahrhunderts, gerahmt von zwei weiteren Erzählungen aus ihrer Entstehungszeit, *Das Haus* und *Aufenthalt in einer kleinen Stadt*.

FRIEDRICH DÜRRENMATT wurde 1921 in Konolfingen bei Bern als Sohn eines Pfarrers geboren. Er studierte Philosophie in Bern und Zürich und lebte als Dramatiker, Erzähler, Essayist, Zeichner und Maler in Neuchâtel, wo er 1990 starb.

Friedrich Dürrenmatt

Die Panne

UND ANDERE ERZÄHLUNGEN

Diogenes

Nachweis am Schluß des Bandes
Covermotiv: Graphik von Ludwig Hohlwein,
›Wilhelm Mozer‹, 1909

Veröffentlicht als Diogenes Deluxe, 2017

www.diogenes.ch
50/17/4/1
ISBN 978 3 257 26135 6

Inhalt

Statt eines Vorworts:

Die Entstehung der ›Panne‹

Die Panne entstand aus einer Anekdote: Nach dem Zusammenbruch der Österreichisch-Ungarischen Monarchie begegnete ein entlassener Hofrat seinem ebenfalls entlassenen Kanzlisten, der erstaunlich munter aussah, im Gegensatz zum vergreisten Hofrat. Nach dem Grunde seiner blühenden Gesundheit befragt, antwortete der Kanzlist, er habe eine ganze Fuhre Akten aus ihrem alten Ministerium gekauft, die man eben verbrennen wollte, und arbeite die Akten nun durch. »Wissen Sie was«, antwortete der entlassene Hofrat seinem entlassenen Kanzlisten, »wissen Sie was, wenn Sie so eine Akte durchgearbeitet haben, könnten Sie die nicht rüberschicken, damit ich sie unterschreiben kann?«

Diese Anekdote führt zur Geschichte mit dem entlassenen Staatsanwalt, dem entlassenen Richter, dem pensionierten Verteidiger und dem pensionierten Henker, die ihre alten Berufe als Spiel weitertreiben, in welches durch Zufall der Textilverkäufer Traps gerät, für schuldig befunden wird und, da er das Spiel ernst nimmt, [im Stück] Selbstmord begeht.

Wie in der Geschichte *Das Haus* betritt einer aus Zufall ein Haus und kommt darin um, auch klingt *Die Panne* an die Geschichte mit dem flüchtenden Verbrecher an: Es ist, als ob die neue Geschichte *Die Panne* in die alte Geschichte gekrochen wäre: Vielleicht ist es so, daß erst eine Unmenge nicht niedergeschriebener Geschichten eine niedergeschriebene Geschichte ergibt.

Ganz zu diesem Geschichtenkreis tritt der *Aufenthalt in einer kleinen Stadt*, wovon drei Kapitel existieren. Ein verkrachter Bankier namens de Schangnau, der in Basel ohne Glück seine Bank zu finanzieren suchte, kehrt mit dem letzten Zug nach Yverdon zurück, wo sich nicht nur seine lädierte Bank, sondern auch seine seit langem vernachlässigte Gattin befindet. Wie jedoch der Zug in Konigen, einer kleinen Stadt zwischen Biel und Grenchen, kurz hält, sieht de Schangnau noch Licht im Perronkiosk; er verläßt den Zug, um sich Zigaretten zu kaufen. Die Verkäuferin ist schön, doch verwirrt es ihn, daß sie häßliche Zähne besitzt, er zögert, und während er zögert, fährt ihm der Zug davon.

De Schangnau, immer noch mit den Gewohnheiten eines reichen Bankiers behaftet, muß in dem Städtchen übernachten, schlendert durch die Bahnhofshalle, und, nach alter Gewohnheit, winkt er einem Auto zu, das er für ein Taxi hält, besteigt es, obgleich er kaum mehr als fünfzig Franken in der Tasche hat, um sich in ein Hotel fahren zu lassen. Kaum hat er auf dem Rücksitz Platz genommen, als er bemerkt, daß er neben einem Männchen sitzt. Das Auto fährt in rasender Fahrt in die Stadt, hält mitten in einer beleuchteten Straße an, der Fremde drückt dem immer noch sprachlosen de Schangnau einen runden Gegenstand in die Arme, sagt »In drei Minuten geht sie los, mein Herr« und stößt ihn auf die Straße. Das Auto saust davon, und de Schangnau steht mitten in einem ihm unbekannten Städtchen, eine Bombe in den Händen. Die Straße ist noch voller Menschen. De Schangnau rast in eine Nebengasse, steht plötzlich vor einem alten Turm, den er schon oft als Wahrzeichen des Städtchens abgebildet gesehen hat, und wirft die Bombe unter dessen Torbogen, drückt sich in den nächsten offenen Korridor eines alten Hauses, worauf die Explosion erfolgt. De Schangnau rettet sich unerkannt in ein Hotel, wo er das einzige Doppelzimmer mietet, das noch frei ist.

Romandramaturgisch entwickelt sich nun folgende Konstellation: De Schangnau ist am Bahnhof offensichtlich verwechselt worden. Die Verwechslung führt zu einer sinnlosen Tat, welche die Polizei, die natürlicherweise nach einem Sinn der sinnlosen Tat sucht, in die Irre führt.

Die zwei weiteren Kapitel, die ich geschrieben habe, betreffen die Szene in einem Barbierladen, wo de Schangnau die Einstellung der Bevölkerung zur Zerstörung des alten Turmes erfährt, und eine Szene in einem Hinterhof, wo de Schangnau einem Erpresser begegnet. Eine der Hauptfiguren sollte eine Hundertjährige sein, ja, der eigentliche Grund, weshalb ich diesen Roman zu schreiben begann, war diese Frau, mit der ich viele Gespräche des Hauptthelden konzipierte, und dann der Umstand, daß de Schangnau in all den Verfolgungen, die er erleidet (da er gezwungen ist, aus Geldmangel in der Stadt zu bleiben), immer wieder, unglücklich verheiratet, Telephongespräche mit seiner Frau führt: seine Ehe kommt ihm auf einmal wie eine Insel des Glücks vor.

Überhaupt glaube ich, daß nicht die eigentliche Handlung, die Konstruktion, der Stoff, das Eigentliche sind, das man sucht, sondern die Möglichkeit, gewisse Situationen und gewisse

Menschen zu schildern. So hinterläßt jeder Stoff, den man nicht schreibt, das Gefühl, nicht so sehr, etwas unterlassen, als vielmehr, etwas verpaßt zu haben.

Die Panne

Eine noch mögliche Geschichte

Erster Teil

Gibt es noch mögliche Geschichten, Geschichten für Schriftsteller? Will einer nicht von sich erzählen, romantisch, lyrisch sein Ich verallgemeinern, fühlt er keinen Zwang, von seinen Hoffnungen und Niederlagen zu reden, durchaus wahrhaftig, und von seiner Weise, bei Frauen zu liegen, wie wenn Wahrhaftigkeit dies alles ins Allgemeine transponieren würde und nicht viel mehr ins Medizinische, Psychologische bestenfalls, will einer dies nicht tun, vielmehr diskret zurücktreten, das Private höflich wahren, den Stoff vor sich wie ein Bildhauer sein Material, an ihm arbeitend und an ihm sich entwikkelnd und als eine Art Klassiker versuchen, nicht gleich zu verzweifeln, wenn auch der bare Unsinn kaum zu leugnen ist, der überall zum Vorschein kommt, dann wird Schreiben schwieriger und einsamer, auch sinnloser, eine gute Note in der Literaturgeschichte interessiert nicht – wer bekam nicht schon gute Noten, welche Stümpereien wurden nicht schon ausgezeichnet –, die Forderungen des Tags sind wichtiger. Doch auch hier ein Dilemma und ungünstige Marktlage. Bloße Unterhaltung bietet das Leben, am Abend das Kino, Poesie die Tageszeitung unter dem Strich, für mehr, doch sozialerweise schon von einem Franken an, wird Seele gefordert, Geständnisse, Wahrhaftigkeit eben, höhere Werte sollen geliefert werden, Moralien, brauchbare Sentenzen, irgend etwas soll überwunden oder bejaht werden, bald Christentum, bald gängige Verzweiflung, Literatur, alles in allem. Doch wenn dies zu produzieren der Autor sich weigert, immer mehr, immer hartnäckiger, weil er sich zwar im klaren ist, daß der Grund seines Schreibens bei ihm liegt, in seinem Bewußten und Unbewußten in je nach Fall dosiertem Verhältnis, in seinem Glauben und Zweifeln, jedoch auch meint, gerade dies gehe das Publikum nun wirklich nichts an, es genüge, was er schreibt, gestaltet, formt, man zeige appetitlicherweise die Oberfläche und nur diese, arbeite an ihr und nur dort, im übrigen sei der Mund zu halten, weder zu kommentieren noch zu schwatzen? Angelangt bei dieser Erkenntnis, wird er stocken, zögern, ratlos werden, dies wird kaum zu vermeiden sein. Die Ahnung steigt auf, es gebe nichts mehr zu erzählen, die Abdankung wird ernstlich in Erwägung gezogen, vielleicht sind einige Sätze noch möglich, sonst aber Schwenkung in die Biologie, um der Explosion der Menschheit, den vorrückenden Milliarden, den unablässig liefernden Gebärmüttern wenigstens gedanklich beizukommen, oder in die Physik, in die Astronomie, sich ordnungshalber über das Gerüst Rechenschaft abzulegen, in welchem wir pendeln. Der Rest für die Illustrierte, für ›Life‹, ›Match‹, ›Quick‹ und für die ›Sie und Er‹: der Präsident unter dem Sauerstoffzelt, Onkel Bulganin in seinem Garten, die Prinzessin mit ihrem Tausendsassa von Flugkapitän, Filmgrößen und Dollargesichter, auswechselbar, schon aus der Mode, kaum wird von ihnen gesprochen. Daneben der Alltag eines jeden, westeuropäisch in meinem Fall, schweizerisch genauer, schlechtes Wetter und Konjunktur, Sorgen und Plagen, Erschütterungen durch private Ereignisse, doch ohne Zusammenhang mit dem Weltganzen, mit dem Ablauf der Dinge und Undinge, mit dem Abspulen der Notwendigkeiten. Das Schicksal hat die Bühne verlassen, auf der gespielt wird, um hinter den Kulissen zu lauern, außerhalb der gültigen Dramaturgie, im Vordergrund wird alles zum Unfall, die Krankheiten, die Krisen. Selbst der Krieg wird abhängig davon, ob die Elektronen-Hirne sein Rentieren voraussagen, doch wird dies nie der Fall sein, weiß man, gesetzt, die Rechenmaschinen funktionieren, nur noch Niederlagen sind mathematisch denkbar; wehe nur, wenn Fälschungen stattfinden, verbotene Eingriffe in die künstlichen Hirne, doch auch dies weniger peinlich als die Möglichkeit, daß eine Schraube sich lockert, eine Spule in Unordnung gerät, ein Taster falsch reagiert, Weltuntergang aus technischem Kurzschluß, Fehlschaltung. So droht kein Gott mehr, keine Gerechtigkeit, kein Fatum wie in der fünften Symphonie, sondern Verkehrsunfälle, Deichbrüche infolge Fehlkonstruktion, Explosion einer Atombombenfabrik, hervorgerufen durch einen zerstreuten Laboranten, falsch eingestellte Brutmaschinen. In diese Welt der Pannen führt unser Weg, an dessen staubigem Rande nebst Reklamewänden für Bally-Schuhe, Studebaker, Eiscreme und den Gedenksteinen der Verunfallten sich noch einige mögliche Geschichten ergeben, indem aus einem Dutzendgesicht die Menschheit blickt, Pech sich ohne Absicht ins Allgemeine weitet, Gericht und Gerechtigkeit sichtbar werden, vielleicht auch Gnade, zufällig aufgefangen, widergespiegelt vom Monokel eines Betrunkenen.

Zweiter Teil

Unfall, harmlos zwar, Panne auch hier: Alfredo Traps, um den Namen zu nennen, in der Textilbranche beschäftigt, fünfundvierzig, noch lange nicht korpulent, angenehme Erscheinung, mit genügenden Manieren, wenn auch eine gewisse Dressur verratend, indem Primitives, Hausiererhaftes durchschimmert – dieser Zeitgenosse hatte sich eben noch mit seinem Studebaker über eine der großen Straßen des Landes bewegt, konnte schon hoffen, in einer Stunde seinen Wohnort, eine größere Stadt, zu erreichen, als der Wagen streikte. Er ging einfach nicht mehr. Hilflos lag die rotlackierte Maschine am Fuße eines kleineren Hügels, über den sich die Straße schwang; im Norden hatte sich eine Kumuluswolke gebildet, und im Westen stand die Sonne immer noch hoch, fast nachmittäglich. Traps rauchte eine Zigarette und tat dann das Nötige. Der Garagist, der den Studebaker schließlich abschleppte, erklärte, den Schaden nicht vor dem andern Morgen beheben zu können, Fehler in der Benzinzufuhr. Ob dies stimmte, war weder ausfindig zu machen, noch war ratsam, es zu versuchen; Garagisten ist man ausgeliefert wie einst Raubrittern, noch früher Ortsgöttern und Dämonen. Zu bequem, die halbe Stunde zur nächsten Bahnstation zurückzulegen und die etwas komplizierte, wenn auch kurze Reise nach Hause zu unternehmen, zu seiner Frau, zu seinen vier Kindern, alles Jungen, beschloß Traps zu übernachten. Es war sechs Uhr abends, heiß, der längste Tag nahe, das Dorf, an dessen Rand sich die Garage befand, freundlich, verzettelt gegen bewaldete Hügel hin, mit einem kleinen Bühl samt Kirche, Pfarrhaus und einer uralten, mit mächtigen Eisenringen und Stützen versehenen Eiche, alles solide, proper, sogar die Misthaufen vor den Bauernhäusern sorgfältig geschichtet und herausgeputzt. Auch stand irgendwo ein Fabriklein herum und mehrere Pinten und Landgasthöfe, deren einen Traps schon öfters hatte rühmen hören, doch waren die Zimmer belegt, eine Tagung der Kleinviehzüchter nahm die Betten in Anspruch, und der Textilreisende wurde nach einer Villa gewiesen, wo hin und wieder Leute aufgenommen würden. Traps zögerte. Noch war es möglich, mit der Bahn heimzukehren, doch lockte ihn die Hoffnung, irgendein Abenteuer zu erleben, gab es doch manchmal in den Dörfern Mädchen, wie in Großbiestringen neulich, die Textilreisende zu schätzen wußten. So schlug er denn neubelebt den Weg zur Villa ein. Von der Kirche her Glockengeläute. Kühe trotteten ihm entgegen, muhten. Das einstöckige Landhaus lag in einem größeren Garten, die Wände blendend weiß, Flachdach, grüne Rolläden, halb verdeckt von Büschen, Buchen und Tannen, gegen die Straße hin Blumen, Rosen vor allem, ein betagtes Männchen dazwischen mit umgebundener Lederschürze, möglicherweise der Hausherr, leichte Gartenarbeit verrichtend.

Traps stellte sich vor und bat um Unterkunft.

»Ihr Beruf?« fragte der Alte, der an den Zaun gekommen war, eine Brissago rauchend und die Gartentüre kaum überragend.

»In der Textilbranche beschäftigt.«

Der Alte musterte Traps aufmerksam, nach der Weise der Weitsichtigen über eine kleine randlose Brille blickend: »Gewiß, hier kann der Herr übernachten.«

Traps fragte nach dem Preis.

Er pflege dafür nichts zu nehmen, erklärte der Alte, er sei allein, sein Sohn befinde sich in den Vereinigten Staaten, eine Haushälterin sorge für ihn, Mademoiselle Simone, da sei er froh, hin und wieder einen Gast zu beherbergen.

Der Textilreisende dankte. Er war gerührt über die Gastfreundschaft und bemerkte, auf dem Lande seien eben die Sitten und Bräuche der Altvordern noch nicht ausgestorben. Die Gartentüre wurde geöffnet. Traps sah sich um. Kieswege, Rasen, große Schattenpartien, sonnenbeglänzte Stellen.

Er erwarte einige Herren heute abend, sagte der Alte, als sie bei den Blumen angelangt waren, und schnitt sorgfältig an einem Rosenstock herum. Freunde kämen, die in der Nachbarschaft wohnten, teils im Dorf, teils weiter gegen die Hügel hin, pensioniert wie er selber, hergezogen des milden Klimas wegen und weil hier der Föhn nicht zu spüren sei, alle einsam, verwitwet, neugierig auf etwas Neues, Frisches, Lebendiges, und so sei es ihm denn ein Vergnügen, Herrn Traps zum Abendessen und zum nachfolgenden Herrenabend einladen zu dürfen.

Der Textilreisende stutzte. Er hatte eigentlich im Dörfchen essen wollen, im allseits bekannten Landgasthof eben, doch wagte er nicht, die Aufforderung abzulehnen. Er fühlte sich verpflichtet. Er hatte die Einladung angenommen, kostenlos zu übernachten. Er wollte nicht als ein unhöflicher Stadtmensch erscheinen. So tat er erfreut. Der Hausherr führte ihn in den ersten Stock. Ein freundliches Zimmer. Fließendes Wasser, ein breites Bett, Tisch, bequemer Sessel, ein Hodler an der Wand, alte Lederbände im Büchergestell. Der Textilreisende öffnete sein Köfferchen, wusch, rasierte sich, hüllte sich in eine Wolke von Eau de Cologne, trat ans Fenster, zündete eine Zigarette an. Eine große Sonnenscheibe rutschte gegen die Hügel hinunter, umstrahlte die Buchen. Er überschlug flüchtig die Geschäfte dieses Tages, den Auftrag der Rotacher AG, nicht schlecht, die Schwierigkeiten mit Wildholz, fünf Prozent verlangte der, Junge, Junge, dem würde er schon den Hals umdrehen. Dann tauchten Erinnerungen auf. Alltägliches, Unordentliches, ein geplanter Ehebruch im Hotel Touring, die Frage, ob seinem Jüngsten (den er am meisten liebte) eine elektrische Eisenbahn zu kaufen sei, die Höflichkeit und eigentlich die Pflicht, seiner Frau zu telephonieren, Nachricht von seinem ungewollten Aufenthalt zu geben. Doch unterließ er es. Wie schon oft. Sie war daran gewöhnt und würde ihm außerdem auch nicht glauben. Er gähnte, genehmigte eine weitere Zigarette. Er sah zu, wie drei alte Herren über den Kiesweg anmarschiert kamen, zwei Arm in Arm, ein dicker, glatzköpfiger hintendrein. Begrüßung, Händeschütteln, Umarmungen, Gespräche über Rosen. Traps zog sich vom Fenster zurück, ging zum Büchergestell. Nach den Titeln, die er las, war ein langweiliger Abend zu erwarten: Hotzendorff, *Das Verbrechen des Mordes und die Todesstrafe;* Savigny, *System des heutigen römischen Rechts;* Ernst David Hölle, *Die Praxis des Verhörs.* Der Textilreisende sah klar. Sein Gastgeber war Jurist, vielleicht ein gewesener Rechtsanwalt. Er machte sich auf umständliche Erörterungen gefaßt, was verstand so ein Studierter vom wirklichen Leben, nichts, die Gesetze waren ja danach. Auch war zu befürchten, daß über Kunst oder ähnliches geredet würde, wobei er sich leicht blamieren konnte, na gut, wenn er nicht mitten im Geschäftskampf stehen würde, wäre er auch auf dem laufenden in höheren Dingen. So ging er denn ohne Lust hinunter, wo man sich in der offenen, immer noch sonnenbeschienenen Veranda niedergelassen hatte, während die Haushälterin, eine handfeste Person, nebenan im Speisezimmer den Tisch deckte. Doch stutzte er, als er die Gesellschaft sah, die ihn erwartete. Er war froh, daß ihm fürs erste der Hausherr entgegenkam, nun fast geckenhaft, die wenigen Haare sorgfältig gebürstet, in einem viel zu weiten Gehrock. Traps wurde willkommen geheißen. Mit einer kurzen Rede. So konnte er seine Verwunderung verbergen, murmelte, die Freude sei ganz auf seiner Seite, verneigte sich, kühl, distanziert, spielte den Textilfachmann von Welt und dachte mit Wehmut, daß er doch nur in diesem Dorfe geblieben sei, irgendein Mädchen aufzutreiben. Das war mißlungen. Er sah sich drei weiteren Greisen gegenüber, die in nichts dem kauzigen Gastgeber nachstanden. Wie ungeheure Raben füllten sie den sommerlichen Raum mit den Korbmöbeln und den luftigen Gardinen, uralt, verschmiert und verwahrlost, wenn auch ihre Gehröcke die beste Qualität aufwiesen, wie er gleich feststellte, wollte man vom Glatzköpfigen absehen (Pilet mit Namen, siebenundsiebzig Jahre alt, gab der Hausherr bei der Vorstellerei bekannt, die nun einsetzte), der steif und würdig auf einem äußerst unbequemen Schemel saß, obgleich doch mehrere angenehme Stühle herumstanden, überkorrekt hergerichtet, eine weiße Nelke im Knopfloch und ständig über seinen schwarzgefärbten buschigen Schnurrbart streichend, pensioniert offenbar, vielleicht ein ehemaliger, durch Glücksfall wohlhabend gewordener Küster oder Schornsteinfeger, möglicherweise auch Lokomotivführer. Um so verlotterter dagegen die beiden andern. Der eine (Herr Kummer, zweiundachtzig), noch dicker als Pilet, unermeßlich, wie aus speckigen Wülsten zusammengesetzt, saß in einem Schaukelstuhl, das Gesicht hochrot, gewaltige Säufernase, joviale Glotzaugen hinter einem goldenen Zwicker, dazu, wohl aus Versehen, ein Nachthemd unter dem schwarzen Anzug und die Taschen vollgestopft mit Zeitungen und Papieren, während der andere (Herr Zorn, sechsundachtzig), lang und hager, ein Monokel vor das linke Auge geklemmt, Schmisse im Gesicht, Hakennase, schlohweiße Löwenmähne, eingefallener Mund, eine vorgestrige Erscheinung alles in allem, die Weste falsch geknöpft hatte und zwei verschiedene Socken trug.

»Campari?« fragte der Hausherr.

»Aber bitte«, antwortete Traps und ließ sich in einen Sessel nieder, während der Lange, Hagere ihn interessiert durch sein Monokel betrachtete:

»Herr Traps wird wohl an unserem Spielchen teilnehmen?«

»Aber natürlich. Spiele machen mir Spaß.«

Die alten Herren lächelten, wackelten mit den Köpfen.

»Unser Spiel ist vielleicht etwas sonderbar«, gab der Gastgeber vorsichtig, fast zögernd zu bedenken. »Es besteht darin, daß wir des Abends unsere alten Berufe spielen.«

Die Greise lächelten aufs neue, höflich, diskret.

Traps wunderte sich. Wie er dies verstehen solle?

»Nun«, präzisierte der Gastgeber, »ich war einst Richter, Herr Zorn Staatsanwalt und Herr Kummer Advokat, und so spielen wir denn Gericht.«

»Ach so«, begriff Traps und fand die Idee passabel. Vielleicht war der Abend doch noch nicht verloren.

Der Gastgeber betrachtete den Textilreisenden feierlich. Im allgemeinen, erläuterte er mit milder Stimme, würden die berühmten historischen Prozesse durchgenommen, der Prozeß Sokrates, der Prozeß Jesus, der Prozeß Jeanne d'Arc, der Prozeß Dreyfus, neulich der Reichstagsbrand, und einmal sei Friedrich der Große für unzurechnungsfähig erklärt worden.

Traps staunte. »Das spielt ihr jeden Abend?«

Der Richter nickte. Aber am schönsten sei es natürlich, erklärte er weiter, wenn am lebenden Material gespielt werde, was des öfteren besonders interessante Situationen ergebe, erst vorgestern etwa sei ein Parlamentarier, der im Dorfe eine Wahlrede gehalten und den letzten Zug verpaßt hätte, zu vierzehn Jahren Zuchthaus wegen Erpressung und Bestechung verurteilt worden.

»Ein gestrenges Gericht«, stellte Traps belustigt fest.

»Ehrensache«, strahlten die Greise.

Was er denn für eine Rolle einnehmen könne?

Wieder Lächeln, fast Lachen.

Den Richter, den Staatsanwalt und den Verteidiger hätten sie schon, es seien dies ja auch Posten, die eine Kenntnis der Materie und der Spielregeln voraussetzten, meinte der Gastgeber, nur der Posten eines Angeklagten sei unbesetzt, doch sei Herr Traps in keiner Weise etwa gezwungen mitzuspielen, er möchte dies noch einmal betonen.

Das Vorhaben der alten Herren erheiterte den Textilreisenden. Der Abend war gerettet. Es würde nicht gelehrt zugehen und langweilig, es versprach lustig zu werden. Er war ein einfacher Mensch, ohne allzugroße Denkkraft und Neigung zu dieser Tätigkeit, ein Geschäftsmann, gewitzigt, wenn es sein mußte, der in seiner Branche aufs Ganze ging, daneben gerne gut aß und trank, mit einer Neigung zu handfesten Späßen. Er spiele mit, sagte er, es sei ihm eine Ehre, den verwaisten Posten eines Angeklagten anzunehmen.

Bravo, krächzte der Staatsanwalt und klatschte in die Hände, bravo, das sei ein Manneswort, das nenne er Courage.

Der Textilreisende erkundigte sich neugierig nach dem Verbrechen, das ihm nun zugemutet würde.

Ein unwichtiger Punkt, antwortete der Staatsanwalt, das Monokel reinigend, ein Verbrechen lasse sich immer finden.

Alle lachten.

Herr Kummer erhob sich. »Kommen Sie, Herr Traps«, sagte er beinahe väterlich, »wir wollen doch den Porto noch probieren, den es hier gibt; er ist alt, den müssen Sie kennenlernen.«

Er führte Traps ins Speisezimmer. Der große runde Tisch war nun aufs festlichste gedeckt. Alte Stühle mit hohen Lehnen, dunkle Bilder an den Wänden, altmodisch, solide alles, von der Veranda her drang das Plaudern der Greise, durch die offenen Fenster flimmerte der Abendschein, drang das Gezwitscher der Vögel, und auf einem Tischchen standen Flaschen, weitere noch auf dem Kamin, die Bordeaux in Körbchen gelagert. Der Verteidiger goß sorgfältig und etwas zittrig aus einer alten Flasche Porto in zwei kleine Gläser, füllte sie bis zum Rande, stieß mit dem Textilreisenden auf dessen Gesundheit an, vorsichtig, die Gläser mit der kostbaren Flüssigkeit kaum in Berührung bringend.

Traps kostete. »Vortrefflich«, lobte er.

»Ich bin Ihr Verteidiger, Herr Traps«, sagte Herr Kummer. »Da heißt es zwischen uns beiden: Auf gute Freundschaft!«

»Auf gute Freundschaft!«

Es sei am besten, meinte der Advokat und rückte mit seinem roten Gesicht, mit seiner Säufernase und seinem Zwicker näher an Traps heran, so daß sein Riesenbauch ihn berührte, eine unangenehme weiche Masse, es sei am besten, wenn der Herr ihm sein Verbrechen gleich anvertraue. So könne er garantieren, daß man beim Gericht auch durchkäme. Die Situation sei zwar nicht gefährlich, doch auch nicht zu unterschätzen, der lange hagere Staatsanwalt, immer noch im Besitz seiner geistigen Kräfte, sei zu fürchten, und dann neige der Gastgeber leider zur Strenge und vielleicht sogar zur Pedanterie, was sich im Alter – er zähle siebenundachtzig – noch verstärkt habe. Trotzdem aber sei es ihm, dem Verteidiger, gelungen, die meisten Fälle durchzubringen, oder es wenigstens nicht zum Schlimmsten kommen zu lassen. Nur einmal bei einem Raubmord sei wirklich nichts zu retten gewesen. Aber ein Raubmord komme hier wohl nicht in Frage, wie er Herrn Traps einschätze, oder doch?

Er habe leider kein Verbrechen begangen, lachte der Textilreisende. Und dann sagte er: »Prosit!«

»Gestehen Sie es mir«, munterte ihn der Verteidiger auf. »Sie brauchen sich nicht zu schämen. Ich kenne das Leben, wundere mich über nichts mehr. Schicksale sind an mir vorübergegangen, Herr Traps, Abgründe taten sich auf, das können Sie mir glauben.«

Es tue ihm leid, schmunzelte der Textilreisende, wirklich, er sei ein Angeklagter, der ohne Verbrechen dastehe, und im übrigen sei es die Sache des Staatsanwaltes, eines zu finden, er habe es selber gesagt, und da wolle er ihn nun beim Wort nehmen. Spiel sei Spiel. Er sei neugierig, was herauskomme. Ob es denn ein richtiges Verhör gebe?

»Will ich meinen!«

»Da freue ich mich aber darauf.«

Der Verteidiger machte ein bedenkliches Gesicht.

»Sie fühlen sich unschuldig, Herr Traps?«

Der Textilreisende lachte: »Durch und durch«, und das Gespräch kam ihm äußerst lustig vor.

Der Verteidiger reinigte seinen Zwicker.

»Schreiben Sie sich's hinter die Ohren, junger Freund, Unschuld hin oder her, auf die Taktik kommt es an! Es ist halsbrecherisch – gelinde ausgedrückt –, vor unserem Gericht unschuldig sein zu wollen, im Gegenteil, es ist am klügsten, sich gleich eines Verbrechens zu bezichtigen, zum Beispiel, gerade für Geschäftsleute vorteilhaft: Betrug. Dann kann sich immer noch beim Verhör herausstellen, daß der Angeklagte übertreibt, daß eigentlich kein Betrug vorliegt, sondern etwa eine harmlose Vertuschung von Tatsachen aus Reklamegründen, wie sie im Handel öfters üblich ist. Der Weg von der Schuld zur Unschuld ist zwar schwierig, doch nicht unmöglich, dagegen ist es geradezu hoffnungslos, seine Unschuld bewahren zu wollen, und das Resultat verheerend. Sie verlieren, wo Sie doch gewinnen könnten, auch sind Sie nun gezwungen, die Schuld nicht mehr wählen zu dürfen, sondern sich aufzwingen zu lassen.«

Der Textilreisende zuckte amüsiert die Achseln, er bedaure, nicht dienen zu können, aber er sei sich keiner Übeltat bewußt, die ihn mit dem Gesetz in Konflikt gebracht habe, beteuerte er.

Der Verteidiger setzte seinen Zwicker wieder auf. Mit Traps werde er Mühe haben, meinte er nachdenklich, das werde hart auf hart gehen.

»Doch vor allem«, schloß er die Unterredung, »überlegen Sie sich jedes Wort, plappern Sie nicht einfach vor sich hin, sonst sehen Sie sich plötzlich zu einer langjährigen Zuchthausstrafe verurteilt, ohne daß noch zu helfen wäre.«

Dann kamen die übrigen. Man setzte sich um den runden Tisch. Gemütliche Tafelrunde, Scherzworte. Zuerst wurden verschiedene Vorspeisen serviert, Aufschnitt, russische Eier, Schnecken, Schildkrötensuppe. Die Stimmung war vortrefflich, man löffelte vergnügt, schlürfte ungeniert.

»Nun, Angeklagter, was haben Sie uns vorzuweisen, ich hoffe einen schönen, stattlichen Mord«, krächzte der Staatsanwalt.

Der Verteidiger protestierte: »Mein Klient ist ein Angeklagter ohne Verbrechen, eine Seltenheit in der Justiz sozusagen. Behauptet, unschuldig zu sein.«

»Unschuldig?« wunderte sich der Staatsanwalt. Die Schmisse leuchteten rot auf, das Monokel fiel ihm beinahe in den Teller, pendelte hin und her an der schwarzen Schnur. Der zwerghafte Richter, der eben Brot in die Suppe brockte, hielt inne, betrachtete den Textilreisenden vorwurfsvoll, schüttelte den Kopf, und auch der Glatzköpfige, Schweigsame mit der weißen

Nelke starrte ihn erstaunt an. Die Stille war beängstigend. Kein Löffel- und Gabelgeräusch, kein Schnaufen und Schlürfen war zu vernehmen. Nur Simone im Hintergrund kicherte leise.

»Müssen wir untersuchen«, faßte der Staatsanwalt sich endlich. »Was es nicht geben kann, gibt es nicht.«

»Nur zu«, lachte Traps. »Ich stehe zur Verfügung!«

Zum Fisch gab es Wein, einen leichten spritzigen Neuchâteller. »Nun denn«, sagte der Staatsanwalt, seine Forelle auseinandernehmend, »wollen mal sehen. Verheiratet?«

»Seit elf Jahren.«

»Kinderchen?«

»Vier.«

»Beruf?«

»In der Textilbranche.«

»Also Reisender, lieber Herr Traps?«

»Generalvertreter.«

»Schön. Erlitten eine Panne?«

»Zufällig. Zum ersten Mal seit einem Jahr.«

»Ach. Und vor einem Jahr?«

»Nun, da fuhr ich noch den alten Wagen«, erklärte Traps. »Einen Citroën 1939, doch jetzt besitze ich einen Studebaker, rotlackiertes Extramodell.«

»Studebaker, ei, interessant, und erst seit kurzem? Waren wohl vorher nicht Generalvertreter?«

»Ein simpler, gewöhnlicher Reisender in Textilien.«

»Konjunktur«, nickte der Staatsanwalt.

Neben Traps saß der Verteidiger. »Passen Sie auf«, flüsterte er.

Der Textilreisende, der Generalvertreter, wie wir jetzt sagen dürfen, machte sich sorglos hinter ein Beefsteak Tartar, träufelte Zitrone darüber, sein Rezept, etwas Kognak, Paprika und Salz. Ein angenehmeres Essen sei ihm noch nie vorgekommen, strahlte er dabei, er habe stets die Abende in der Schlaraffia für das Amüsanteste gehalten, was seinesgleichen erleben könne, doch dieser Herrenabend bereite noch größeren Spaß.

»Aha«, stellte der Staatsanwalt fest, »Sie gehören der Schlaraffia an. Welchen Spitznamen führen Sie denn dort?«

»Marquis de Casanova.«

»Schön«, krächzte der Staatsanwalt freudig, als ob die Nachricht von Wichtigkeit wäre, das Monokel wieder eingeklemmt. »Uns allen ein Vergnügen, dies zu hören. Darf von Ihrem Spitznamen auf Ihr Privatleben geschlossen werden, mein Bester?«

»Aufgepaßt«, zischte der Verteidiger.

»Lieber Herr«, antwortete Traps. »Nur bedingt. Wenn mir mit Weibern etwas Außereheliches passiert, so nur zufälligerweise und ohne Ambition.«

Ob Herr Traps die Güte hätte, der versammelten Runde sein Leben in kurzen Zügen bekanntgeben zu wollen, fragte der Richter, Neuchâteller nachfüllend. Da man ja beschlossen habe, über den lieben Gast und Sünder zu Gericht zu sitzen und ihn womöglich auf Jahre hinaus zu verknurren, sei es nur angemessen, Näheres, Privates, Intimes zu erfahren, Weibergeschichten, wenn möglich gesalzen und gepfeffert.

»Erzählen, erzählen!« forderten die alten Herren den Generalvertreter kichernd auf. Einmal hätten sie einen Zuhälter am Tisch gehabt, der hätte die spannendsten und pikantesten Dinge aus seinem Metier erzählt und sei zu alledem mit nur vier Jahren Zuchthaus davongekommen.

»Nu, nu«, lachte Traps mit, »was gibt es schon von mir zu erzählen. Ich führe ein alltägliches Leben, meine Herren, ein kommunes Leben, wie ich gleich gestehen will. Pupille!«

»Pupille!«

Der Generalvertreter hob sein Glas, fixierte gerührt die starren, vogelartigen Augen der vier

Alten, die an ihm hafteten, als wäre er ein spezieller Leckerbissen, und dann stießen die Gläser aneinander.

Draußen war die Sonne nun endlich untergegangen, und auch der Höllenlärm der Vögel verstummt, aber noch lag die Landschaft taghell da, die Gärten und die roten Dächer zwischen den Bäumen, die bewaldeten Hügel und in der Ferne die Vorberge und einige Gletscher, Friedensstimmung, Stille einer ländlichen Gegend, feierliche Ahnung von Glück, Gottessegen und kosmischer Harmonie.

Eine harte Jugend habe er durchgemacht, erzählte Traps, während Simone die Teller wechselte und eine dampfende Riesenschüssel auftischte. Champignons à la Crème. Sein Vater sei Fabrikarbeiter gewesen, ein Proletarier, den Irrlehren von Marx und Engels verfallen, ein verbitterter, freudloser Mann, der sich um sein einziges Kind nie gekümmert habe, die Mutter Wäscherin, früh verblüht.

»Nur die Primarschule durfte ich besuchen, nur die Primarschule«, stellte er fest, Tränen in den Augen, erbittert und gerührt zugleich über seine karge Vergangenheit, während man mit einem Réserve des Maréchaux anstieß.

»Eigenartig«, sagte der Staatsanwalt, »eigenartig. Nur die Primarschule. Haben sich aber mit Leibeskräften heraufgearbeitet, mein Verehrter.«

»Das will ich meinen«, prahlte dieser, vom Maréchaux angefeuert, beschwingt vom geselligen Beisammensein, von der feierlichen Gotteswelt vor den Fenstern. »Das will ich meinen. Noch vor zehn Jahren war ich nichts als ein Hausierer und zog mit einem Köfferchen von Haus zu Haus. Harte Arbeit, tippeln, übernachten in Heuschobern, zweifelhaften Herbergen. Von unten fing ich an in meiner Branche, ganz von unten. Und jetzt, meine Herren, wenn Sie mein Bankkonto sähen! Ich will mich nicht rühmen, aber hat jemand von euch einen Studebaker?«

»Seien Sie doch vorsichtig«, flüsterte der Verteidiger besorgt.

Wie denn das gekommen sei, fragte der Staatsanwalt neugierig.

Er solle aufpassen und nicht zuviel reden, mahnte der Verteidiger.

Er habe die Alleinvertretung der ›Hephaiston‹ auf diesem Kontinent übernommen, verkündete Traps und schaute sich triumphierend um. Nur Spanien und der Balkan seien in anderen Händen.

Hephaistos sei ein griechischer Gott, kicherte der kleine Richter, Champignons auf seinen Teller häufend, ein gar großer Kunstschmied, der die

Liebesgöttin und ihren Galan, den Kriegsgott Ares, in einem so feingeschmiedeten und unsichtbaren Netz gefangen habe, daß sich die übrigen Götter nicht genug über diesen Fang hätten freuen können, aber was der Hephaiston bedeute, dessen Alleinvertretung der verehrte Herr Traps übernommen habe, sei ihm schleierhaft.

»Und doch sind Sie nahe daran, verehrter Gastgeber und Richter«, lachte Traps. »Sie sagen selbst: schleierhaft, und der mir unbekannte griechische Gott fast gleichen Namens mit meinem Artikel habe ein gar feines und unsichtbares Netz gesponnen. Wenn es heute Nylon, Perlon, Myrlon gibt, Kunststoffe, von denen das hohe Gericht doch wohl gehört hat, so gibt es auch Hephaiston, den König der Kunststoffe, unzerreißbar, durchsichtig, doch dabei gerade für Rheumatiker eine Wohltat, ebenso verwendbar in der Industrie wie in der Mode, für den Krieg wie für den Frieden. Der vollendete Stoff für Fallschirme und zugleich die pikanteste Materie für Nachthemden schönster Damen, wie ich aus eigener Forschung weiß.«

»Hört, hört«, quakten die Greise, »eigene Forschung, das ist gut«, und Simone wechselte aufs neue die Teller, brachte einen Kalbsnierenbraten.

»Ein Festessen«, strahlte der Generalvertreter.

»Freut mich«, sagte der Staatsanwalt, »daß Sie so etwas zu würdigen wissen, und mit Recht! Beste Ware wird uns vorgesetzt und in genügenden Mengen, ein Menü wie aus dem vorigen Jahrhundert, da die Menschen noch zu essen wagten. Loben wir Simone! Loben wir unseren Gastgeber! Kauft er doch selber ein, der alte Gnom und Gourmet, und was die Weine betrifft, sorgt Pilet für sie als Ochsenwirt im Nachbardörfchen. Loben wir auch ihn! Doch wie steht es nun mit Ihnen, mein Tüchtiger? Durchforschen wir Ihren Fall weiter. Ihr Leben kennen wir nun, es war ein Vergnügen, einen kleinen Einblick zu erhalten, und auch über Ihre Tätigkeit herrscht Klarheit. Nur ein unwichtiger Punkt ist noch nicht geklärt: Wie kamen Sie beruflich zu einem so lukrativen Posten? Allein durch Fleiß, durch eiserne Energie?«

»Aufpassen«, zischte der Verteidiger. »Jetzt wird's gefährlich.«

Das sei nicht so leicht gewesen, antwortete Traps und sah begierig zu, wie der Richter den Braten zu tranchieren begann, er habe zuerst Gygax besiegen müssen, und das sei eine harte Arbeit gewesen.

»Ei, und Herr Gygax, wer ist denn dies wieder?«

»Mein früherer Chef.«

»Er mußte verdrängt werden, wollen Sie sagen?«

»Auf die Seite geschafft mußte er werden, um im rauhen Ton meiner Branche zu bleiben«, antwortete Traps und bediente sich mit Sauce. »Meine Herren, Sie werden ein offenes Wort ertragen. Es geht hart zu im Geschäftsleben, wie du mir, so ich dir, wer da ein Gentleman sein will, bitte schön, kommt um. Ich verdiene Geld wie Heu, doch ich schufte auch wie zehn Elefanten, jeden Tag spule ich meine sechshundert Kilometer mit meinem Studebaker herunter. So ganz fair bin ich nicht vorgegangen, als es hieß, dem alten Gygax das Messer an die Kehle zu setzen und zuzustoßen, aber ich mußte vorwärtskommen, was will einer, Geschäft ist schließlich Geschäft.«

Der Staatsanwalt sah neugierig vom Kalbsnierenbraten auf. »Auf die Seite schaffen, das Messer an die Kehle setzen, zustoßen, das sind ja ziemlich bösartige Ausdrücke, lieber Traps.«

Der Generalvertreter lachte: »Sie sind natürlich nur im übertragenen Sinne zu verstehen.«

»Herr Gygax befindet sich wohl, Verehrtester?«

»Er ist letztes Jahr gestorben.«

»Sind Sie toll?« zischte der Verteidiger aufgeregt. »Sie sind wohl ganz verrückt geworden!«

»Letztes Jahr«, bedauerte der Staatsanwalt. »Das tut mir aber leid. Wie alt ist er denn geworden?«

»Zweiundfünfzig.«

»Blutjung. Und woran ist er gestorben?«

»An irgendeiner Krankheit.«

»Nachdem Sie seinen Posten erhalten hatten?«

»Kurz vorher.«

»Schön, mehr brauche ich einstweilen nicht zu wissen«, sagte der Staatsanwalt. »Glück, wir haben Glück. Ein Toter ist aufgestöbert, und das ist schließlich die Hauptsache.«

Alle lachten. Sogar Pilet, der Glatzköpfige, der andächtig vor sich hin aß, pedantisch, unbeirrbar, unermeßliche Mengen hinunterschlingend, sah auf.

»Fein«, sagte er und strich sich über den schwarzen Schnurrbart.

Dann schwieg er und aß weiter.

Der Staatsanwalt hob feierlich sein Glas. »Meine Herren«, erklärte er, »auf diesen Fund hin wollen wir den Pichon-Longueville 1933 goutieren. Ein guter Bordeaux zu einem guten Spiel!«

Sie stießen aufs neue an, tranken einander zu.

»Donnerwetter, meine Herren!« staunte der

Generalvertreter, den Pichon in einem Zuge leerend und das Glas dem Richter hinhaltend: »Das schmeckt aber riesig!«

Die Dämmerung war angebrochen und die Gesichter der Versammelten kaum mehr zu erkennen. Die ersten Sterne waren in den Fenstern zu ahnen, und die Haushälterin zündete drei große schwere Leuchter an, die das Schattenbild der Tafelrunde wie den wunderbaren Blütenkelch einer phantastischen Blume an die Wände malten. Trauliche, gemütliche Stimmung, Sympathie allerseits, Lockerung der Umgangsformen, der Sitten.

»Wie im Märchen«, staunte Traps.

Der Verteidiger wischte sich mit der Serviette den Schweiß von der Stirne. »Das Märchen, lieber Traps«, sagte er, »sind Sie. Es ist mir noch nie ein Angeklagter begegnet, der mit größerer Seelenruhe so unvorsichtige Aussagen gemacht hätte.«

Traps lachte: »Keine Bange, lieber Nachbar! Wenn erst einmal das Verhör beginnt, werde ich schon den Kopf nicht verlieren.«

Totenstille im Zimmer, wie schon einmal. Kein Schmatzen mehr, kein Schlürfen.

»Sie Unglücksmensch!« ächzte der Verteidiger. »Was meinen Sie damit: Wenn erst einmal das Verhör beginnt?«

»Nun«, sagte der Generalvertreter, Salat auf den Teller häufend, »hat es etwa schon begonnen?«

Die Greise schmunzelten, sahen pfiffig drein, verschmitzt, meckerten endlich vor Vergnügen.

Der Stille, Ruhige, Glatzköpfige kicherte: »Er hat es nicht gemerkt, er hat es nicht gemerkt!«

Traps stutzte, war verblüfft, die spitzbübische Heiterkeit kam ihm unheimlich vor, ein Eindruck, der sich freilich bald verflüchtigte, so daß er mitzulachen begann: »Meine Herren, verzeihen Sie«, sagte er, »ich dachte mir das Spiel feierlicher, würdiger, förmlicher, mehr Gerichtssaal.«

»Liebster Herr Traps«, klärte ihn der Richter auf, »Ihr bestürztes Gesicht ist nicht zu bezahlen. Unsere Art, Gericht zu halten, scheint Ihnen fremd und allzu munter, sehe ich. Doch, Wertgeschätzter, wir vier an diesem Tisch sind pensioniert und haben uns vom unnötigen Wust der Formeln, Protokolle, Schreibereien, Gesetze und was sonst noch für Kram unsere Gerichtssäle belastet, befreit. Wir richten ohne Rücksicht auf die lumpigen Gesetzbücher und Paragraphen.«

»Mutig«, entgegnete Traps mit schon etwas schwerer Zunge, »mutig. Meine Herren, das imponiert mir. Ohne Paragraphen, das ist eine kühne Idee.«

Der Verteidiger erhob sich umständlich. Er gehe Luft schnappen, verkündete er, bevor es zum Hähnchen und zum übrigen komme, ein kleines Gesundheits-Spaziergänglein und eine Zigarette seien nun an der Zeit, und er lade Herrn Traps ein, ihn zu begleiten.

Sie traten von der Veranda in die Nacht hinaus, die nun endlich hereingebrochen war, warm und majestätisch. Von den Fenstern des Eßzimmers her lagen goldene Lichtbänder über dem Rasen, erstreckten sich bis zu den Rosenbeeten. Der Himmel voller Sterne, mondlos, als dunkle Masse standen die Bäume da, und die Kieswege zwischen ihnen waren kaum zu erraten, über die sie nun schritten. Sie hatten sich den Arm gegeben. Beide waren schwer vom Wein, torkelten und schwankten auch hin und wieder, gaben sich Mühe, schön gerade zu gehen, und rauchten Zigaretten, Parisiennes, rote Punkte in der Finsternis.

»Mein Gott«, schöpfte Traps Atem, »war dies ein Jux da drinnen«, und wies nach den erleuchteten Fenstern, in denen eben die massige Silhouette der Haushälterin sichtbar wurde. »Vergnüglich geht's zu, vergnüglich.«

»Lieber Freund«, sagte der Verteidiger wankend und sich auf Traps stützend, »bevor wir zurückgehen und unser Hähnchen in Angriff nehmen, lassen Sie mich ein Wort an Sie richten, ein ernstes Wort, das Sie beherzigen sollten. Sie sind mir sympathisch, junger Mann, ich fühle zärtlich für Sie, ich will wie ein Vater zu Ihnen reden: Wir sind im schönsten Zuge, unseren Prozeß in Bausch und Bogen zu verlieren!«

»Das ist Pech«, antwortete der Generalvertreter und steuerte den Verteidiger vorsichtig den Kiesweg entlang um die große schwarze, kugelrunde Masse eines Gebüschs herum. Dann kam ein Teich, sie ahnten eine Steinbank, setzten sich. Sterne spiegelten sich im Wasser, Kühle stieg auf. Vom Dorfe her Handharmonikaklänge und Gesang, auch ein Alphorn war jetzt zu hören, der Kleinviehzüchterverband feierte.

»Sie müssen sich zusammennehmen«, mahnte der Verteidiger. »Wichtige Bastionen sind vom Feind genommen; der tote Gygax, unnötigerweise aufgetaucht durch Ihr hemmungsloses Geschwätz, droht mächtig, all dies ist schlimm, ein ungeübter Verteidiger müßte die Waffen strekken, doch mit Zähigkeit, unter Ausnützung aller Chancen und vor allem mit der größten Vorsicht und Disziplin Ihrerseits kann ich noch Wesentliches retten.«

Traps lachte. Das sei ein gar zu komisches Gesellschaftsspiel, stellte er fest, in der nächsten Sitzung der Schlaraffia müsse dies unbedingt auch eingeführt werden.

»Nicht wahr?« freute sich der Verteidiger, »man lebt auf. Hingesiecht bin ich, lieber Freund, nachdem ich meinen Rücktritt genommen hatte und plötzlich ohne Beschäftigung, ohne meinen alten Beruf in diesem Dörfchen das Alter genießen sollte. Was ist denn hier auch los? Nichts, nur der Föhn nicht zu spüren, das ist alles. Gesundes Klima? Lächerlich, ohne geistige Beschäftigung. Der Staatsanwalt lag im Sterben, bei unserem Gastfreund vermutete man Magenkrebs, Pilet litt an einem Diabetes, mir machte der Blutdruck zu schaffen. Das war das Resultat. Ein Hundeleben. Hin und wieder saßen wir traurig zusammen, erzählten sehnsüchtig von unseren alten Berufen und Erfolgen, unsere einzige spärliche Freude. Da kam der Staatsanwalt auf den Einfall, das Spiel einzuführen, der Richter stellte das Haus und ich mein Vermögen zur Verfügung – na ja, ich bin Junggeselle, und als jahrzehntelanger Anwalt der oberen Zehntausend legt man sich ein hübsches Sümmchen auf die Seite, mein Lieber, kaum zu glauben, wie sich ein freigesprochener Raubritter der Hochfinanz seinem Verteidiger splendide erweist, das grenzt an Verschwendung –, und es wurde unser Gesundbrunnen, dieses Spiel; die

Hormone, die Mägen, die Bauchspeicheldrüsen kamen wieder in Ordnung, die Langeweile verschwand, Energie, Jugendlichkeit, Elastizität, Appetit stellten sich wieder ein; sehen Sie mal«, und er machte trotz seinem Bauch einige Turnübungen, wie Traps undeutlich in der Dunkelheit bemerken konnte. »Wir spielen mit den Gästen des Richters, die unsere Angeklagten abgeben«, fuhr der Verteidiger fort, nachdem er sich wieder gesetzt hatte, »bald mit Hausierern, bald mit Ferienreisenden, und vor zwei Monaten durften wir gar einen deutschen General zu zwanzig Jahren Zuchthaus verurteilen. Er kam hier durchgewandert mit seiner Gattin, nur meine Kunst rettete ihn vor dem Galgen.«

»Großartig«, staunte Traps, »diese Produktion! Doch das mit dem Galgen kann nicht gut stimmen, da übertreiben Sie ein bißchen, verehrter Herr Rechtsanwalt, denn die Todesstrafe ist ja abgeschafft.«

»In der staatlichen Justiz«, stellte der Verteidiger richtig, »doch wir haben es hier mit einer privaten Justiz zu tun und führten sie wieder ein: Gerade die Möglichkeit der Todesstrafe macht unser Spiel so spannend und eigenartig.«

»Und einen Henker habt ihr wohl auch, wie?« lachte Traps.

»Natürlich«, bejahte der Verteidiger stolz; »haben wir auch. Pilet.«

»Pilet?«

»Überrascht, wie?«

Traps schluckte einige Male. »Der ist doch Ochsenwirt und sorgt für die Weine, die wir trinken.«

»Gastwirt war er immer«, schmunzelte der Verteidiger gemütlich. »Übte seine staatliche Tätigkeit nur nebenberuflich aus. Ehrenamtlich beinah. War einer der tüchtigsten seines Fachs im Nachbarlande, nun auch schon zwanzig Jahre pensioniert, doch immer noch auf dem laufenden in seiner Kunst.«

Ein Automobil fuhr durch die Straße, und im Lichte der Scheinwerfer leuchtete der Rauch der Zigaretten auf. Sekundenlang sah Traps auch den Verteidiger, die unmäßige Gestalt im verschmierten Gehrock, das fette, zufriedene, gemütliche Gesicht. Traps zitterte. Kalter Schweiß lag auf seiner Stirne.

»Pilet.«

Der Verteidiger stutzte: »Aber was haben Sie denn auf einmal, guter Traps? Spüre, daß Sie zittern. Ist Ihnen nicht wohl?«

Er sah den Kahlköpfigen vor sich, der doch eigentlich ziemlich stumpfsinnig mitgetafelt hatte, es war eine Zumutung, mit so einem zu essen. Aber was konnte der arme Kerl für seinen Beruf – die milde Sommernacht, der noch mildere Wein stimmten Traps human, tolerant, vorurteilslos, er war schließlich ein Mann, der vieles gesehen hatte und die Welt kannte, kein Mucker und Spießer, nein, ein Textilfachmann von Format, ja es schien Traps nun, der Abend wäre ohne Henker weniger lustig und ergötzlich, und er freute sich schon, das Abenteuer bald in der Schlaraffia zum besten geben zu können, wohin man den Henker sicher auch einmal kommen lassen würde gegen ein kleines Honorar und Spesen, und so lachte er denn schließlich befreit auf: »Bin reingefallen! Habe mich gefürchtet! Das Spiel wird immer lustiger!«

»Vertrauen gegen Vertrauen«, sagte der Verteidiger, als sie sich erhoben hatten und Arm in Arm, vom Licht der Fenster geblendet, gegen das Haus hintappten. »Wie brachten Sie Gygax um?«

»Ich soll ihn umgebracht haben?«

»Na, wenn er doch tot ist.«

»Ich brachte ihn aber nicht um.«

Der Verteidiger blieb stehen. »Mein lieber junger Freund«, entgegnete er teilnehmend, »ich begreife die Bedenken. Von den Verbrechen sind die Morde am peinlichsten zu gestehen. Der Angeklagte schämt sich, will seine Tat nicht wahrhaben, vergißt, verdrängt sie aus dem Gedächtnis, ist überhaupt voller Vorurteile der Vergangenheit gegenüber, belastet sich mit übertriebenen Schuldgefühlen und traut niemandem, selbst seinem väterlichen Freunde nicht, dem Verteidiger, was gerade das Verkehrteste ist, denn ein rechter Verteidiger liebt den Mord, jubelt auf, bringt man ihm einen. Her damit, lieber Traps! Mir wird erst wohl, wenn ich vor einer wirklichen Aufgabe stehe, wie ein Alpinist vor einem schwierigen Viertausender, wie ich als alter Bergsteiger sagen darf. Da fängt das Hirn an zu denken und zu dichten, zu schnurren und zu schnarren, daß es eine Freude ist. So ist denn auch Ihr Mißtrauen der große, ja ich darf sagen, der entscheidende Fehler, den Sie machen. Darum, heraus mit dem Geständnis, alter Knabe!«

Er habe aber nichts zu gestehen, beteuerte der Generalvertreter.

Der Verteidiger stutzte. Grell beschienen vom Fenster, aus dem Gläserklirren und Lachen immer übermütiger schwoll, glotzte er Traps an.

»Junge, Junge«, brummte er mißbilligend, »was heißt das wieder? Wollen Sie denn Ihre falsche Taktik immer noch nicht aufgeben und immer noch den Unschuldigen spielen? Haben Sie denn noch nicht kapiert? Gestehen muß man, ob man will oder nicht, und zu gestehen hat man immer was, das dürfte Ihnen doch langsam dämmern! Wohlan denn, lieber Freund, weder geziert noch gezaudert, sondern frisch von der Leber weg gesprochen: Wie brachten Sie Gygax um? Im Affekt, nicht? Da müßten wir uns auf eine Anklage auf Totschlag gefaßt machen. Wette, daß der Staatsanwalt dahinsteuert. Habe so meine Vermutung. Kenne den Burschen.«

Traps schüttelte den Kopf. »Mein lieber Herr Verteidiger«, sagte er, »der besondere Reiz unseres Spiels besteht darin – wenn ich als Anfänger und ganz unmaßgeblich meine Meinung äußern darf –, daß es einem dabei unheimlich und gruselig wird. Das Spiel droht in die Wirklichkeit umzukippen. Man fragt sich auf einmal, ob man nun eigentlich ein Verbrecher sei oder nicht, ob man den alten Gygax umgebracht habe oder nicht. Es ist mir bei Ihrer Rede fast wirblig geworden. Und darum, Vertrauen gegen Vertrauen: Ich bin unschuldig am Tode des alten Gangsters. Wirklich.« Damit traten sie wieder ins Speisezimmer, wo das Hähnchen schon serviert war und ein Château Pavie 1921 in den Gläsern funkelte.

Traps, in Stimmung, begab sich zum Ernsten, Schweigenden, Glatzköpfigen, drückte ihm die

Hand. Er habe vom Verteidiger seinen ehemaligen Beruf erfahren, sagte er, er wolle betonen, daß es nichts Angenehmeres geben könne, als einen so wackeren Mann am Tische zu wissen, er kenne keine Vorurteile, im Gegenteil, und Pilet, über seinen gefärbten Schnurrbart streichend, murmelte errötend, etwas geniert und in einem entsetzlichen Dialekt: »Freut mich, freut mich, werd mir Mühe geben.«

Nach dieser rührenden Verbrüderung mundete denn auch das Hähnchen vortrefflich. Es war nach einem Geheimrezept Simones zubereitet, wie der Richter verkündete. Man schmatzte, aß mit den Händen, lobte das Meisterwerk, trank, stieß auf jedermanns Gesundheit an, leckte die Sauce von den Fingern, fühlte sich wohl, und in aller Gemütlichkeit nahm der Prozeß seinen Fortgang. Der Staatsanwalt, eine Serviette umgebunden und das Hähnchen vor dem schnabelartigen, schmatzenden Munde, hoffte, zum Geflügel ein Geständnis serviert zu bekommen. »Gewiß, liebster und ehrenhaftester Angeklagter«, forschte er, »haben Sie Gygax vergiftet.«

»Nein«, lachte Traps, »nichts dergleichen.«

»Nun, sagen wir: erschossen?«

»Auch nicht.«

»Einen heimlichen Autounfall arrangiert?«

Alles lachte, und der Verteidiger zischte wieder einmal: »Aufpassen, das ist eine Falle!«

»Pech, Herr Staatsanwalt, ausgesprochen Pech«, rief Traps übermütig aus: »Gygax starb an einem Herzinfarkt, und es war nicht einmal der erste, den er erlitt. Schon Jahre vorher erwischte es ihn, er mußte aufpassen. Wenn er nach außen auch den gesunden Mann spielte, bei jeder Aufregung war zu befürchten, daß es sich wiederhole, ich weiß es bestimmt.«

»Ei, und von wem denn?«

»Von seiner Frau, Herr Staatsanwalt.«

»Von seiner Frau?«

»Aufpassen, um Himmels willen«, flüsterte der Verteidiger.

Der Château Pavie 1921 übertraf die Erwartungen. Traps war schon beim vierten Glas, und Simone hatte eine Extraflasche in seine Nähe gestellt. Da staune der Staatsanwalt, prostete der Generalvertreter den alten Herren zu, doch damit das hohe Gericht nicht etwa glaube, er verheimliche was, wolle er die Wahrheit sagen und bei der Wahrheit bleiben, auch wenn ihn der Verteidiger mit seinem »Aufpassen!« umzische. Mit Frau Gygax nämlich habe er was gehabt, nun ja, der alte Gangster sei oft auf Reisen gewesen und habe sein gutgebautes und leckeres Frauchen aufs grausamste vernachlässigt; da habe er hin und wieder den Tröster abgeben müssen, auf dem Kanapee in Gygaxens Wohnstube und später auch bisweilen im Ehebett, wie es eben so komme und wie es der Lauf der Welt sei.

Auf diese Worte Trapsens erstarrten die alten Herren, dann aber, auf einmal, kreischten sie laut auf vor Vergnügen, und der Glatzköpfige, sonst Schweigsame schrie, seine weiße Nelke in die Luft werfend: »Ein Geständnis, ein Geständnis!«, nur der Verteidiger trommelte verzweifelt mit den Fäusten auf seine Schläfen.

»So ein Unverstand!« rief er. Sein Klient sei toll geworden und dessen Geschichte nicht ohne weiteres zu glauben, worauf Traps entrüstet und unter erneutem Beifall der Tischrunde protestierte. Damit begann ein langes Gerede zwischen dem Verteidiger und dem Staatsanwalt, ein hartnäckiges Hin und Her, halb komisch, halb ernst, eine Diskussion, deren Inhalt Traps nicht begriff. Es drehte sich um das Wort dolus, von dem der Generalvertreter nicht wußte, was es bedeuten mochte. Die Diskussion wurde immer heftiger, lauter geführt, immer unverständlicher, der Richter mischte sich ein, ereiferte sich ebenfalls, und war Traps anfangs bemüht hinzuhorchen, etwas vom Sinn des Streitgesprächs zu erraten, so atmete er nun auf, als die Haushälterin Käse auftischte, Camembert, Brie, Emmentaler, Gruyère, Tête de Moine, Vacherin, Limburger, Gorgonzola, und ließ dolus dolus sein, prostete mit dem Glatzköpfigen, der allein schwieg und auch nichts zu begreifen schien, und griff zu – bis auf einmal, unerwartet, der Staatsanwalt sich wieder an ihn wandte: »Herr Traps«, fragte er mit gesträubter Löwenmähne und hochrotem Gesicht, das Monokel in der linken Hand, »sind Sie immer noch mit Frau Gygax befreundet?«

Alle glotzten zu Traps hinüber, der Weißbrot mit Camembert in den Mund geschoben hatte und gemütlich kaute. Dann nahm er noch einen Schluck Château Pavie. Irgendwo tickte eine Uhr, und vom Dorfe her drangen noch einmal ferne Handorgelklänge, Männergesang – ›Heißt ein Haus zum Schweizerdegen‹.

Seit dem Tode Gygaxens, erklärte Traps, habe er das Frauchen nicht mehr besucht. Er wolle die brave Witwe schließlich nicht in Verruf bringen.

Seine Erklärung erweckte zu seiner Verwunderung aufs neue eine gespenstische, unbegreifliche Heiterkeit, man wurde noch übermütiger als zuvor, der Staatsanwalt schrie: »Dolo malo, dolo malo!«, brüllte griechische und lateinische

Verse, zitierte Schiller und Goethe, während der kleine Richter die Kerzen ausblies, bis auf eine, die er dazu benutzte, mit den Händen hinter ihrer Flamme, laut meckernd und fauchend, die abenteuerlichsten Schattenbilder an die Wand zu werfen, Ziegen, Fledermäuse, Teufel und Waldschrate, wobei Pilet auf den Tisch trommelte, daß die Gläser, Teller, Platten tanzten: »Es kommt zum Todesurteil, es kommt zum Todesurteil!« Nur der Verteidiger machte nicht mit, schob die Platte zu Traps hin. Er solle nehmen, sie müßten sich am Käse gütlich tun, es bliebe nichts anderes mehr übrig.

Ein Château Margaux wurde gebracht. Damit kehrte die Ruhe wieder ein. Alle starrten auf den Richter, der die verstaubte Flasche (Jahrgang 1914) vorsichtig und umständlich zu entkorken begann, mit einem sonderbaren, altertümlichen Zapfenzieher, der es ihm ermöglichte, den Zapfen aus der liegenden Flasche zu ziehen, ohne sie aus dem Körbchen zu nehmen, eine Prozedur, die unter atemloser Spannung erfolgte, galt es doch, den Zapfen möglichst unbeschädigt zu lassen, war er doch der einzige Beweis, daß die Flasche wirklich aus dem Jahre 1914 stammte, da die vier Jahrzehnte die Etikette längst vernichtet hatten. Der Zapfen kam nicht ganz, der Rest mußte sorgfältig entfernt werden, doch war auf ihm noch die Jahrzahl zu lesen, er wurde von einem zum andern gereicht, berochen, bewundert und schließlich feierlich dem Generalvertreter übergeben, zum Andenken an den wunderschönen Abend, wie der Richter sagte. Der kostete den Wein nun vor, schnalzte, schenkte ein, worauf die andern zu riechen, zu schlürfen begannen, in Rufe des Entzückens ausbrachen, den splendiden Gastgeber priesen. Der Käse wurde herumgereicht, und der Richter forderte den Staatsanwalt auf, sein »Anklageredchen« zu halten. Der verlangte vorerst neue Kerzen, es solle feierlich dabei zugehen, andächtig, Konzentration sei vonnöten, innere Sammlung. Simone brachte das Verlangte. Alle waren gespannt, dem Generalvertreter kam die Angelegenheit leicht unheimlich vor, er fröstelte, doch gleichzeitig fand er sein Abenteuer wundervoll, und um nichts auf der Welt hätte er darauf verzichten wollen. Nur sein Verteidiger schien nicht ganz zufrieden.

»Gut, Traps«, sagte er, »hören wir uns die Anklagerede an. Sie werden staunen, was Sie mit Ihren unvorsichtigen Antworten, mit Ihrer falschen Taktik angerichtet haben. War es vorher schlimm, so ist es nun katastrophal. Doch Courage, ich werde Ihnen schon aus der Patsche helfen, verlieren Sie nur nicht den Kopf dabei, wird Sie Nerven kosten, da heil durchzukommen.«

Es war soweit. Allgemeines Räuspern, Husten, noch einmal stieß man an, und der Staatsanwalt begann unter Gekicher und Geschmunzel seine Rede.

»Das Vergnügliche unseres Herrenabends«, sagte er, indem er sein Glas erhob, doch sonst sitzen blieb, »das Gelungene ist wohl, daß wir einem Mord auf die Spur gekommen sind, so raffiniert angelegt, daß er unserer staatlichen Justiz natürlicherweise mit Glanz entgangen ist.«

Traps stutzte, ärgerte sich mit einem Male. »Ich soll einen Mord begangen haben?« protestierte er, »na hören Sie, das geht mir etwas zu weit, schon der Verteidiger kam mit dieser faulen Geschichte«, aber dann besann er sich und begann zu lachen, unmäßig, kaum daß er sich beruhigen konnte, ein wunderbarer Witz, jetzt begreife er, man wolle ihm ein Verbrechen einreden, zum Kugeln, das sei einfach zum Kugeln.

Der Staatsanwalt sah würdig zu Traps hinüber, reinigte das Monokel, klemmte es wieder ein.

»Der Angeklagte«, sagte er, »zweifelt an seiner Schuld. Menschlich. Wer von uns kennt sich, wer von uns weiß von seinen Verbrechen und geheimen Untaten? Eins jedoch darf schon jetzt betont werden, bevor die Leidenschaften unseres Spiels von neuem aufbrausen: Falls Traps ein Mörder ist, wie ich behaupte, wie ich innig hoffe, stehen wir vor einer besonders feierlichen Stunde. Mit Recht. Es ist ein freudiges Ereignis, die Entdeckung eines Mordes, ein Ereignis, das unsere Herzen höher schlagen läßt, uns vor neue Aufgaben, Entscheidungen, Pflichten stellt, und so darf ich denn vor allem unserem lieben voraussichtlichen Täter gratulieren, ist es doch ohne Täter nicht gut möglich, einen Mord zu entdecken, Gerechtigkeit walten zu lassen. Auf ein besonderes Wohl denn unserem Freund, unserem bescheidenen Alfredo Traps, den ein wohlmeinendes Geschick in unsere Mitte brachte!«

Jubel brach aus, man erhob sich, trank auf das Wohl des Generalvertreters, der dankte, Tränen in den Augen, und versicherte, es sei sein schönster Abend.

Der Staatsanwalt, nun ebenfalls mit Tränen: »Sein schönster Abend, verkündet unser Verehrter, ein Wort, ein erschütterndes Wort. Denken wir an die Zeit zurück, da im Dienste des Staats ein trübes Handwerk zu verrichten war. Nicht als Freund stand uns damals der Angeklagte gegenüber, sondern als Feind; wen wir nun an unsere

Brust drücken dürfen, hatten wir von uns zu stoßen. An meine Brust denn!«

Bei diesen Worten sprang er auf, riß Traps hoch und umarmte ihn stürmisch.

»Staatsanwalt, lieber, lieber Freund«, stammelte der Generalvertreter.

»Angeklagter, lieber Traps«, schluchzte der Staatsanwalt. »Sagen wir du zueinander. Heiße Kurt. Auf dein Wohl, Alfredo!«

»Auf dein Wohl, Kurt!«

Sie küßten sich, herzten, streichelten sich, tranken einander zu, Ergriffenheit breitete sich aus, die Andacht einer erblühenden Freundschaft. »Wie hat sich doch alles geändert«, jubelte der Staatsanwalt; »hetzten wir einst von Fall zu Fall, von Verbrechen zu Verbrechen, von Urteil zu Urteil, so begründen, entgegnen, referieren, disputieren, reden und erwidern wir jetzt mit Muße, Gemütlichkeit, Fröhlichkeit, lernen den Angeklagten schätzen, lieben, seine Sympathie schlägt uns entgegen, Verbrüderung hüben und drüben. Ist die erst hergestellt, fällt alles leicht, wird Verbrechen schwerelos, Urteil heiter. So laßt mich denn zum vollbrachten Mord Worte der Anerkennung sprechen. (Traps dazwischen, nun wieder in glänzendster Laune: »Beweisen, Kurtchen, beweisen!«) Berechtigterweise, denn es handelt sich um einen perfekten, um einen schönen Mord. Nun könnte der liebenswerte Täter darin einen burschikosen Zynismus finden, nichts liegt mir ferner; als ›schön‹ vielmehr darf seine Tat in zweierlei Hinsicht bezeichnet werden, in einem philosophischen und in einem technisch-virtuosen Sinne: Unsere Tafelrunde nämlich, verehrter Freund Alfredo, gab das Vorurteil auf, im Verbrechen etwas Unschönes zu erblicken, Schreckliches, in der Gerechtigkeit dagegen etwas Schönes, wenn auch vielleicht mehr Schrecklichschönes, nein, wir erkennen auch im Verbrechen die Schönheit als die Vorbedingung, die erst Gerechtigkeit möglich macht. Dies die philosophische Seite. Würdigen wir nun die technische Schönheit der Tat. Würdigung. Ich glaube das rechte Wort getroffen zu haben, will doch meine Anklagerede nicht eine Schreckensrede sein, die unseren Freund genieren, verwirren könnte, sondern eine Würdigung, die ihm sein Verbrechen aufweist, aufblühen läßt, zu Bewußtsein bringt: Nur auf dem reinen Sockel der Erkenntnis ist es möglich, das fugenlose Monument der Gerechtigkeit zu errichten.«

Der sechsundachtzigjährige Staatsanwalt hielt erschöpft inne. Er hatte trotz seinem Alter mit lauter schnarrender Stimme und mit großen Gesten geredet, dabei viel getrunken und gegessen. Nun wischte er sich den Schweiß mit der umgebundenen fleckigen Serviette von der Stirne, trocknete den verrunzelten Nacken. Traps war gerührt. Er saß schwer in seinem Sessel, träge vom Menü. Er war satt, doch von den vier Greisen wollte er sich nicht ausstechen lassen, wenn er sich auch gestand, daß der Riesenappetit der Alten und deren Riesendurst ihm zu schaffen machten. Er war ein wackerer Esser, doch eine solche Vitalität und Gefräßigkeit war ihm noch nie vorgekommen. Er staunte, glotzte träge über den Tisch, geschmeichelt von der Herzlichkeit, mit der ihn der Staatsanwalt behandelte, hörte von der Kirche her mit feierlichen Schlägen zwölf schlagen, und dann dröhnte ferne, nächtlich der Chor der Kleinviehzüchter: ›Unser Leben gleicht der Reise…‹

»Wie im Märchen«, staunte der Generalvertreter immer wieder, »wie im Märchen«, und dann: »Einen Mord soll ich begangen haben, ausgerechnet ich? Nimmt mich nur wunder, wie.«

Unterdessen hatte der Richter eine weitere Flasche Château Margaux 1914 entkorkt, und der Staatsanwalt, wieder frisch, begann von neuem.

»Was ist nun geschehen«, sagte er, »wie entdeckte ich, daß unserem lieben Freund ein Mord nachzurühmen sei, und nicht nur ein gewöhnlicher Mord, nein, ein virtuoser Mord, der ohne Blutvergießen, ohne Mittel wie Gift, Pistolen und dergleichen durchgeführt worden ist?«

Er räusperte sich, Traps starrte, Vacherin im Mund, gebannt auf ihn.

Als Fachmann müsse er durchaus von der These ausgehen, fuhr der Staatsanwalt fort, daß ein Verbrechen hinter jedem Vorgang, hinter jeder Person lauern könne. Die erste Ahnung, in Herrn Traps einen vom Schicksal Begünstigten und mit einem Verbrechen Begnadeten getroffen zu haben, sei dem Umstand zu verdanken gewesen, daß der Textilreisende noch vor einem Jahr einen alten Citroën gefahren habe und nun mit einem Studebaker herumstolziere. »Nun weiß ich allerdings«, sagte er weiter, »daß wir in einer Zeit der Hochkonjunktur leben, und so war die Ahnung noch vage, mehr dem Gefühl vergleichbar, vor einem freudigen Erlebnis zu stehen, eben vor der Entdeckung eines Mords. Daß unser lieber Freund den Posten seines Chefs übernommen hat, daß er den Chef verdrängen mußte, daß der Chef gestorben ist, all diese Tatsachen waren noch keine Beweise, sondern erst Momente, die jenes Gefühl bestärkten, fundierten. Verdacht, logisch unterbaut, kam erst hoch, als zu erfahren war, woran dieser sagenhafte Chef starb: an einem Herzinfarkt. Hier galt es anzusetzen, zu kombinieren, Scharfsinn, Spürsinn aufzubieten, diskret vorzugehen, sich an die Wahrheit heranzupirschen, das Gewöhnliche als das Außergewöhnliche zu erkennen, Bestimmtes im Unbestimmten zu sehen, Umrisse im Nebel, an einen Mord zu glauben, gerade weil es absurd schien, einen Mord anzunehmen. Überblicken wir das vorhandene Material. Entwerfen wir ein Bild des Verstorbenen. Wir wissen wenig von ihm; was wir wissen, entnehmen wir den Worten unseres sympathischen Gastes. Herr Gygax war der Generalvertreter des Hephaiston-Kunststoffes, dem wir all die angenehmen Eigenschaften, die ihm unser liebster Alfredo nachsagt, gerne zutrauen. Er war ein Mensch, dürfen wir folgern, der aufs Ganze ging, seine Untergebenen rücksichtslos ausnutzte, der Geschäfte zu machen verstand, wenn auch die Mittel, mit denen er diese Geschäfte abschloß, oft mehr als bedenklich waren.«

»Das stimmt«, rief Traps begeistert, »der Gauner ist vollendet getroffen!«

»Weiter dürfen wir schließen«, fuhr der Staatsanwalt fort, »daß er gegen außen gern den Robusten, den Kraftmeier, den erfolgreichen Geschäftsmann spielte, jeder Situation gewachsen und mit allen Wassern gewaschen, weshalb Gygax denn auch die schwere Herzkrankheit aufs sorgsamste geheimhielt, auch hier zitieren wir Alfredo, nahm er doch dieses Leiden in einer Art trotziger Wut hin, wie wir uns denken können, als einen persönlichen Prestigeverlust sozusagen.«

»Wunderbar«, staunte der Generalvertreter, das sei geradezu Hexerei, und er würde wetten, daß Kurt mit dem Verstorbenen bekannt gewesen sei.

Er solle doch schweigen, zischte der Verteidiger.

»Dazu kommt«, erklärte der Staatsanwalt, »wollen wir das Bild des Herrn Gygax vervollständigen, daß der Verstorbene seine Frau vernachlässigte, die wir uns als ein leckeres und gutgebautes Frauenzimmerchen zu denken haben – wenigstens hat sich unser Freund so ungefähr ausgedrückt. Für Gygax zählte nur der Erfolg, das Geschäft, das Äußere, die Fassade, und wir können mit einer gewissen Wahrscheinlichkeit vermuten, daß er von der Treue seiner Frau überzeugt und der Meinung gewesen war, eine zu außergewöhnliche Erscheinung zu sein und ein zu exzeptionelles Mannsbild, um bei seiner Gattin auch nur den Gedanken an einen Ehebruch hochkommen zu lassen, weshalb es denn für ihn ein harter Schlag gewesen sein müßte, hätte er von der Untreue seiner Frau mit unserem Casanova von der Schlaraffia erfahren.«

Alle lachten, und Traps schlug sich auf die Schenkel. »Er war es auch«, bestätigte er strahlend die Vermutung des Staatsanwalts. »Es gab ihm den Rest, als er dies erfuhr.«

»Sie sind einfach toll«, stöhnte der Verteidiger.

Der Staatsanwalt hatte sich erhoben und sah glücklich zu Traps hinüber, der mit seinem Messer am Tête de Moine schabte. »Ei«, fragte er, »wie erfuhr er denn davon, der alte Sünder? Gestand ihm sein leckeres Frauchen?«

»Dazu war es zu feige, Herr Staatsanwalt«, antwortete Traps, »es fürchtete sich vor dem Gangster gewaltig.«

»Kam Gygax selber dahinter?«

»Dazu war er zu eingebildet.«

»Gestandest etwa du, mein lieber Freund und Don Juan?«

Traps bekam unwillkürlich einen roten Kopf: »Aber nein, Kurt«, sagte er, »was denkst du auch. Einer seiner sauberen Geschäftsfreunde klärte den alten Gauner auf.«

»Wieso denn?«

»Wollte mich schädigen. War mir immer feindlich gesinnt.«

»Menschen gibt's«, staunte der Staatsanwalt. »Doch wie erfuhr denn dieser Ehrenmann von deinem Verhältnis?«

»Habe es ihm erzählt.«

»Erzählt?«

»Na ja – bei einem Glase Wein. Was erzählt man nicht alles.«

»Zugegeben«, nickte der Staatsanwalt, »aber du sagtest doch eben, daß dir der Geschäftsfreund des Herrn Gygax feindlich gesinnt war. Bestand da nicht von *vornherein* die Gewißheit, daß der alte Gauner alles erfahren würde?«

Nun mischte sich der Verteidiger energisch ein, erhob sich sogar, schweißübergossen, der Kragen seines Gehrocks aufgeweicht. Er möchte Traps darauf aufmerksam machen, erklärte er, daß diese Frage nicht beantwortet werden müsse.

Traps war anderer Meinung.

»Warum denn nicht?« sagte er. »Die Frage ist doch ganz harmlos. Es konnte mir doch gleichgültig sein, ob Gygax davon erführe oder nicht. Der alte Gangster handelte mir gegenüber derart rücksichtslos, daß ich nun wirklich nicht den Rücksichtsvollen spielen mußte.«

Einen Augenblick war es wieder still im Zimmer, totenstill, dann brach Tumult aus, Übermut, homerisches Gelächter, ein Orkan an Jubel.

Der Glatzköpfige, Schweigsame umarmte Traps, küßte ihn, der Verteidiger verlor den Zwicker vor Lachen, einem solchen Angeklagten könne man einfach nicht böse sein, während der Richter und der Staatsanwalt im Zimmer herumtanzten, an die Wände polterten, sich die Hände schüttelten, auf die Stühle kletterten, Flaschen zerschmetterten, vor Vergnügen den unsinnigsten Schabernack trieben. Der Angeklagte gestehe aufs neue, krächzte der Staatsanwalt mächtig ins Zimmer, nun auf der Lehne eines Stuhles sitzend, der liebe Gast sei nicht genug zu rühmen, er spiele das Spiel vortrefflich. »Der Fall ist deutlich, die letzte Gewißheit gegeben«, fuhrt er fort, auf dem schwankenden Stuhl wie ein verwittertes barokkes Monument. »Betrachten wir den Verehrten, unseren liebsten Alfredo! Diesem Gangster von einem Chef war er also ausgeliefert und er fuhr in seinem Citroën durch die Gegend. Noch vor einem Jahr! Er hätte stolz darauf sein können, unser Freund, dieser Vater von vier Kinderchen, dieser Sohn eines Fabrikarbeiters. Und mit Recht. Noch im Kriege war er Hausierer gewesen, nicht einmal das, ohne Patent, ein Vagabund mit illegitimer Textilware, ein kleiner Schwarzhändler, mit der Bahn von Dorf zu Dorf oder zu Fuß über Feldwege, oft kilometerweit durch dunkle Wälder nach fernen Höfen, eine schmutzige Ledertasche umgehängt, oder gar einen Korb, einen halbgeborstenen Koffer in der Hand. Nun hatte er sich verbessert, in ein Geschäft eingenistet, war Mitglied der liberalen Partei, im Gegensatz zu seinem Marxistenvater. Doch wer ruht auf dem Aste aus, der endlich erklettert ist, wenn über ihm, dem Wipfel zu, poetisch gesagt, sich weitere Äste mit noch besseren Früchten zeigen? Zwar verdiente er gut, flitzte mit seinem Citroën von Textilgeschäft zu Textilgeschäft, die Maschine war nicht schlecht, doch unser lieber Alfredo sah links und rechts neue Modelle auftauchen, vorbeisausen, ihm entgegenbrausen und ihn überholen. Der Wohlstand stieg im Land, wer wollte da nicht mittun?«

»Ganz genau so war es, Kurt«, strahlte Traps. »Ganz genau so.«

Der Staatsanwalt war nun in seinem Element, glücklich, zufrieden wie ein reich beschertes Kind.

»Das war leichter beschlossen als getan«, erläuterte er, immer noch auf der Lehne seines Stuhls, »sein Chef ließ ihn nicht hochkommen, bösartig, zäh nützte er ihn aus, gab ihm Vorschüsse auf neue Bindungen, wußte ihn immer unbarmherziger zu fesseln!«

»Sehr richtig«, schrie der Generalvertreter empört. »Sie haben keine Ahnung, meine Herren, wie ich in die Zange genommen wurde vom alten Gangster!«

»Da mußte aufs Ganze gegangen werden«, sagte der Staatsanwalt.

»Und wie!« bestätigte Traps.

Die Zwischenrufe des Angeklagten befeuerten den Staatsanwalt, er stand nun auf dem Stuhl, die Serviette, die er wie eine Fahne schwang, bespritzt mit Wein, Salat auf der Weste, Tomatensauce, Fleischreste. »Unser lieber Freund ging zuerst geschäftlich vor, auch hier nicht ganz fair, wie er selber zugibt. Wir können uns ungefähr ein Bild machen, wie. Er setzte sich heimlich mit den Lieferanten seines Chefs in Verbindung, sondierte, versprach bessere Bedingungen, stiftete Verwirrung, unterredete sich mit anderen Textilreisenden, schloß Bündnisse und gleichzeitig Gegenbündnisse. Doch dann kam er auf die Idee, noch einen anderen Weg einzuschlagen.«

»Noch einen andern Weg?« staunte Traps.

Der Staatsanwalt nickte. »Dieser Weg, meine Herren, führte über das Kanapee in der Wohnung Gygaxens direkt in dessen Ehebett.«

Alles lachte, besonders Traps. »Wirklich«, bestätigte er, »es war ein böser Streich, den ich da dem alten Gangster spielte. Die Situation war aber auch zu komisch, denke ich zurück. Ich habe mich zwar bis jetzt eigentlich geschämt, dies zu tun, wer ist sich gern über sich selber im klaren, ganz saubere Wäsche hat ja keiner, doch unter so verständnisvollen Freunden wird die Scham etwas Lächerliches, Unnötiges. Merkwürdig! Ich fühle mich verstanden und beginne auch mich zu verstehen, als mache ich mit einem Menschen Bekanntschaft, der ich selber bin, den ich vorher nur von ungefähr kannte als einen Generalvertreter in einem Studebaker, mit Frau und Kind irgendwo.«

»Wir stellen mit Vergnügen fest«, sagte darauf der Staatsanwalt mit Wärme und Herzlichkeit, »daß unserem Freunde ein Lichtchen aufgeht. Helfen wir weiter, damit es taghell werde. Spüren wir seinen Motiven nach mit dem Eifer fröhlicher Archäologen, und wir stoßen auf die Herrlichkeit versunkener Verbrechen. Er begann mit Frau Gygax ein Verhältnis. Wie kam er dazu? Er sah das leckere Frauenzimmerchen, können wir uns ausdenken. Vielleicht war es einmal spät abends, vielleicht im Winter, so um sechs herum (Traps: »Um sieben, Kurtchen, um sieben!«), als die Stadt schön nächtlich war, mit goldenen Straßenlaternen, mit erleuchteten Schaufenstern und

Kinos und grünen und gelben Leuchtreklamen überall, gemütlich, wollüstig, verlockend. Er war mit dem Citroën über die glitschigen Straßen nach dem Villenviertel gefahren, wo sein Chef wohnte (Traps begeistert dazwischen: »Ja, ja, Villenviertel!«), eine Mappe unter dem Arm, Aufträge, Stoffmuster, eine wichtige Entscheidung war zu fällen, doch befand sich Gygaxens Limousine nicht an ihrem gewohnten Platz am Trottoirrand, trotzdem ging er durch den dunklen Park, läutete, Frau Gygax öffnete, ihr Gatte käme heute nicht nach Hause und ihr Dienstmädchen sei ausgegangen, sie war im Abendkleid, oder, noch besser, im Bademantel, trotzdem solle doch Traps einen Aperitif nehmen, sie lade ihn herzlich ein, und so saßen sie im Salon beieinander.«

Traps staunte. »Wie du das alles weißt, Kurtchen! Das ist ja wie verhext!«

»Übung«, erklärte der Staatsanwalt. »Die Schicksale spielen sich alle gleich ab. Es war nicht einmal eine Verführung, weder von seiten Trapsens noch von jener der Frau, es war eine Gelegenheit, die er ausnützte. Sie war allein und langweilte sich, dachte an nichts Besonderes, war froh, mit jemandem zu sprechen, die Wohnung angenehm warm, und unter dem Bademantel mit den bunten Blumen trug sie nur das Nachthemd, und als Traps neben ihr saß und ihren weißen Hals sah, den Ansatz ihrer Brust, und als sie plauderte, böse über ihren Mann, enttäuscht, wie unser Freund wohl spürte, begriff er erst, daß er hier ansetzen müsse, als er schon angesetzt hatte, und dann erfuhr er bald alles über Gygax, wie bedenklich es mit seiner Gesundheit stehe, wie jede große Aufregung ihn töten könne, sein Alter, wie grob und böse er mit seiner Frau sei und wie felsenfest überzeugt von ihrer Treue, denn von einer Frau, die sich an ihrem Mann rächen will, erfährt man alles, und so fuhr er fort mit dem Verhältnis, denn nun war es eben seine Absicht, denn nun ging es ihm darum, seinen Chef mit allen Mitteln zu ruinieren, komme was da wolle, und so kam denn der Augenblick, wo er alles in der Hand hatte, Geschäftspartner, Lieferanten, die weiße, mollige, nackte Frau in den Nächten, und so zog er die Schlinge zu, beschwor den Skandal herauf. Absichtlich. Auch darüber sind wir nun schon im Bilde: Trauliche Dämmerstunde, Abendstunde auch hier. Unseren Freund finden wir in einem Restaurant, sagen wir in einer Weinstube der Altstadt, etwas überheizt, alles währschaft, patriotisch, gediegen, auch die Preise, Butzenscheiben, der stattliche Wirt (Traps: »Im Rathauskeller, Kurtchen!«), die stattliche Wirtin, wie wir nun korrigieren müssen, umrahmt von den Bildern der toten Stammgäste, ein Zeitungsverkäufer, der durchs Lokal wandert, es wieder verläßt, später Heilsarmee, Lieder singend, ›Laßt den Sonnenschein herein‹, einige Studenten, ein Professor, auf einem Tisch zwei Gläser und eine gute Flasche, man läßt sich's was kosten, in der Ecke endlich, bleich, fett, schweißbetaut mit offenem Kragen, schlagflüssig wie das Opfer, auf das nun gezielt wird, der saubere Geschäftsfreund, verwundert, was dies alles zu bedeuten, weshalb Traps ihn auf einmal eingeladen habe, aufmerksam zuhörend, aus Trapsens eigenem Munde den Ehebruch vernehmend, um dann, Stunden später, wie es nicht anders sein konnte und wie es unser Alfredo vorausgesehen hatte, zum Chef zu eilen, aus Pflichtgefühl, Freundschaft und innerem Anstand den Bedauernswerten aufzuklären.«

»So ein Heuchler!« rief Traps, gebannt mit runden glänzenden Augen der Schilderung des Staatsanwalts zuhörend, glücklich, die Wahrheit zu erfahren, seine stolze, kühne, einsame Wahrheit.

Dann:

»So kam denn das Verhängnis, der genau berechnete Augenblick, da Gygax alles erfuhr, noch konnte der alte Gangster heimfahren, stellen wir uns vor, wuterfüllt, schon im Wagen Schweißausbruch, Schmerzen in der Herzgegend, zitternde Hände, Polizisten, die ärgerlich pfiffen, Verkehrszeichen, die übersehen wurden, mühsamer Gang von der Garage zur Haustüre, Zusammenbruch, noch im Korridor vielleicht, während ihm die Gattin entgegentrat, das schmucke leckere Frauenzimmerchen; es ging nicht sehr lange, der Arzt gab noch Morphium, dann hinüber, endgültig, noch ein unwichtiges Röcheln, Aufschluchzen von seiten der Gattin, Traps, zu Hause im Kreise seiner Lieben, nimmt das Telephon ab, Bestürzung, innerer Jubel, Es-ist-erreicht-Stimmung, drei Monate später Studebaker.«

Erneutes Gelächter. Der gute Traps, von einer Verblüffung in die andere gerissen, lachte mit, wenn auch leicht verlegen, kratzte sich im Haar, nickte dem Staatsanwalt anerkennend zu, doch nicht unglücklich. Er war sogar guter Laune. Er fand den Abend aufs beste gelungen; daß man ihm einen Mord zumutete, bestürzte ihn zwar ein wenig und machte ihn nachdenklich, ein Zustand, den er jedoch als angenehm empfand, stieg doch eine Ahnung von höheren Dingen, von Gerechtigkeit, von Schuld und Sühne in ihm hoch, erfüllte ihn mit Staunen. Die Furcht, die er nicht vergessen hatte, die ihn im Garten, und dann später bei den Heiterkeitsausbrüchen der Tafelrunde überfallen hatte, kam ihm jetzt unbegründet vor, erheiterte ihn. Alles war so menschlich. Er war gespannt auf das Weitere. Die Gesellschaft siedelte in den Salon zum schwarzen Kaffee über, torkelnd, mit stolperndem Verteidiger, in einen mit Nippsachen und Vasen überladenen Raum. Enorme Stiche an den Wänden, Stadtansichten, Historisches, Rütlischwur, Schlacht bei Laupen, Untergang der Schweizergarde, das Fähnlein der sieben Aufrechten, Gipsdecke, Stukkatur, in der Ecke ein Flügel, bequeme Sessel, niedrig, riesig, Stickereien darauf, fromme Sprüche, ›Wohl dem, der den Weg des Gerechten wandelt‹, ›Ein gutes Gewissen ist das beste Ruhekissen‹. Durch die offenen Fenster sah man die Landstraße, ungewiß zwar in der Dunkelheit, mehr Ahnung, doch märchenhaft, versunken, mit schwebenden Lichtern und Scheinwerfern der Automobile, die in dieser Stunde nur spärlich rollten, ging es doch gegen zwei. Was Mitreißenderes als die Rede Kurtchens habe er noch gar nicht erlebt, meinte Traps. Im wesentlichen sei dazu nicht viel zu bemerken, einige leise Berichtigungen, gewiß, die seien angebracht. So sei der saubere Geschäftsfreund etwa klein und hager gewesen, und mit steifem Kragen, durchaus nicht verschwitzt, und

Frau Gygax habe ihn nicht in einem Bademantel empfangen, sondern in einem freilich weit ausgeschnittenen Kimono, so daß ihre herzliche Einladung auch bildlich gemeint gewesen sei – das war einer seiner Witze, ein Exempel seines bescheidenen Humors –, auch habe der verdiente Infarkt den Obergangster nicht im Hause, sondern in seinen Lagerräumen getroffen, während eines Föhnsturms, noch eine Einlieferung ins Spital, dann Herzriß und Abgang, doch dies sei, wie gesagt, unwesentlich, und vor allem stimme es genau, was da sein prächtiger Busenfreund und Staatsanwalt erläutert habe, er hätte sich wirklich mit Frau Gygax nur eingelassen, um den alten Gauner zu ruinieren, ja, er erinnere sich nun deutlich, wie er in dessen Bett über dessen Gattin auf dessen Photographie gestarrt habe, auf dieses unsympathische, dicke Gesicht mit der Hornbrille vor den glotzenden Augen, und wie die Ahnung als eine wilde Freude über ihn gekommen sei, mit dem, was er nun so lustig und eifrig betreibe, ermorde er recht eigentlich seinen Chef, mache er ihm kaltblütig den Garaus.

Man saß schon in den weichen Sesseln mit den frommen Sprüchen, als dies Traps erklärte, griff nach den heißen Kaffeetäßchen, rührte mit den Löffelchen, trank dazu einen Kognak aus dem

Jahre 1893, Roffignac, aus großen bauchigen Gläsern.

Somit komme er zum Strafantrag, verkündete der Staatsanwalt, quer in einem monströsen Bakkensessel sitzend, die Beine mit den verschiedenen Socken (grauschwarz kariert – grün) über eine Lehne hochgezogen. Freund Alfredo habe nicht dolo indirecto gehandelt, als wäre der Tod nur zufällig erfolgt, sondern dolo malo, mit böswilligem Vorsatz, worauf ja schon die Tatsachen wiesen, daß er einerseits selbst den Skandal provoziert, anderseits nach dem Tode des Obergangsters dessen leckeres Frauchen nicht mehr besucht habe, woraus zwangsläufig folge, daß die Gattin nur ein Werkzeug für seine blutrünstigen Pläne gewesen sei, die galante Mordwaffe sozusagen, daß somit ein Mord vorliege, auf eine psychologische Weise durchgeführt, derart, daß, außer einem Ehebruch, sich nichts Gesetzwidriges ereignet habe, freilich scheinbar nur, weshalb er denn, da sich dieser Schein nun verflüchtigt, ja nachdem der teure Angeklagte selbst aufs freundlichste gestanden, als Staatsanwalt das Vergnügen habe – und damit komme er an den Schluß seiner Würdigung –, vom hohen Richter die Todesstrafe für Alfredo Traps zu fordern als Belohnung für ein Verbrechen, das Bewunderung, Staunen,

Respekt verdiene und ein Anrecht darauf habe, als eines der außerordentlichsten des Jahrhunderts zu gelten.

Man lachte, klatschte Beifall und stürzte sich auf die Torte, die Simone nun hereinbrachte. Zur Krönung des Abends, wie sie sagte. Draußen stieg als Attraktion ein später Mond auf, eine schmale Sichel, mäßiges Rauschen in den Bäumen, sonst Stille, auf der Straße nur selten noch ein Automobil, dann irgendein verspäteter Heimkehrer, vorsichtig, leicht im Zickzack. Der Generalvertreter fühlte sich geborgen, saß neben Pilet in einem weichen plauschigen Kanapee, Spruch: ›Hab oft im Kreise der Lieben‹, legte den Arm um den Schweigsamen, der nur von Zeit zu Zeit ein staunendes »Fein« mit windigem, zischendem F verlauten ließ, schmiegte sich an seine pomadige Eleganz. Mit Zärtlichkeit. Mit Gemütlichkeit. Wange an Wange. Der Wein hatte ihn schwer und friedlich gemacht, er genoß es, in der verständnisvollen Gesellschaft wahr, sich selber zu sein, kein Geheimnis mehr zu haben, weil keines mehr nötig war, gewürdigt zu sein, verehrt, geliebt, verstanden, und der Gedanke, einen Mord begangen zu haben, überzeugte ihn immer mehr, rührte ihn, verwandelte sein Leben, machte es schwieriger, heldischer, kostbarer. Er begeisterte ihn geradezu. Er hatte den Mord geplant und ausgeführt – stellte er sich nun vor –, um vorwärtszukommen, aber dies nicht eigentlich beruflich, aus finanziellen Gründen etwa, aus dem Wunsche nach einem Studebaker heraus, sondern – das war das Wort – um ein wesentlicher, ein tieferer Mensch zu werden, wie ihm schwante – hier an der Grenze seiner Denkkraft –, würdig der Verehrung, der Liebe von gelehrten, studierten Männern, die ihm nun – selbst Pilet – wie jene urweltlichen Magier vorkamen, von denen er einmal im ›Reader's Digest‹ gelesen hatte, die jedoch nicht nur das Geheimnis der Sterne, sondern mehr, auch das Geheimnis der Justiz kannten (er berauschte sich an diesem Wort), welche er in seinem Textilbranchenleben nur als eine abstrakte Schikane gekannt hatte und die nun wie eine ungeheure, unbegreifliche Sonne über seinen beschränkten Horizont stieg, als eine nicht ganz begriffene Idee, die ihn darum nur um so mächtiger erschauern, erbeben ließ; und so hörte er denn, goldbraunen Kognak schlürfend, zuerst tief verwundert, dann immer entrüsteter den Ausführungen des dicken Verteidigers zu, diesen eifrigen Versuchen, seine Tat in etwas Gewöhnliches, Bürgerliches, Alltägliches zurückzuverwandeln. Er habe mit Vergnügen der erfindungsreichen Rede des Herrn Staatsanwalts zugehört, führte Herr Kummer aus, den Zwicker vom roten, aufgequollenen Fleischklumpen seines Gesichts hebend und mit kleinen, zierlichen geometrischen Gesten dozierend. Gewiß, der alte Gangster Gygax sei tot, sein Klient habe schwer unter ihm zu leiden gehabt, sich auch in eine wahre Animosität gegen ihn hineingesteigert, ihn zu stürzen versucht, wer wolle dies bestreiten, wo komme dies nicht vor, phantastisch sei es nur, diesen Tod eines herzkranken Geschäftsmannes als Mord hinzustellen (»Aber ich habe doch gemordet!« protestierte Traps, wie aus allen Wolken gefallen). Im Gegensatz zum Staatsanwalt halte er den Angeklagten für unschuldig, ja nicht zur Schuld fähig (Traps dazwischen, nun schon erbittert: »Aber ich bin doch schuldig!«) Der Generalvertreter des Hephaiston-Kunststoffes sei ein Beispiel für viele. Wenn er ihn als der Schuld unfähig bezeichne, so wolle er damit nicht behaupten, daß er schuldlos sei, im Gegenteil. Traps sei vielmehr verstrickt in alle möglichen Arten von Schuld, er ehebrüchle, schwindle sich durchs Leben mit einer gewissen Bösartigkeit bisweilen, aber nicht etwa so, daß sein Leben nur aus Ehebruch und Schwindelei bestände, nein, nein, es habe auch seine positiven Seiten, durchaus seine

Tugenden. Freund Alfredo sei fleißig, hartnäckig, ein treuer Freund seiner Freunde, versuche seinen Kindern eine bessere Zukunft zu ermöglichen, staatspolitisch zuverlässig, man nehme alles nur in allem, nur sei er vom Unkorrekten wie angesäuert, leicht verdorben, wie dies eben bei manchem Durchschnittsleben der Fall sei, der Fall sein müsse, doch gerade deshalb wieder sei er zur großen, reinen, stolzen Schuld, zur entschlossenen Tat, zum eindeutigen Verbrechen nicht fähig. (Traps: »Verleumdung, pure Verleumdung!«) Er sei nicht ein Verbrecher, sondern ein Opfer der Epoche, des Abendlandes, der Zivilisation, die, ach, den Glauben (immer wolkiger werdend), das Christentum, das Allgemeine mehr und mehr verloren habe, chaotisch sei, so daß dem Einzelnen kein Leitstern blinke, Verwirrung, Verwilderung als Resultat auftrete, Faustrecht und Fehlen einer wahren Sittlichkeit. Was sei nun geschehen? Dieser Durchschnittsmensch sei gänzlich unvorbereitet einem raffinierten Staatsanwalt in die Hände gefallen. Sein instinktives Walten und Schalten in der Textilbranche, sein Privatleben, all die Abenteuer eines Daseins, das sich aus Geschäftsreisen, aus dem Kampf um den Brotkorb und aus mehr oder weniger harmlosen Vergnügungen zusammengesetzt habe, seien nun durchleuchtet, durchforscht, seziert worden, unzusammenhängende Tatsachen seien zusammengeknüpft, ein logischer Plan ins Ganze geschmuggelt, Vorfälle als Ursachen von Handlungen dargestellt worden, die auch gut hätten anders geschehen können, Zufall hätte man in Absicht, Gedankenlosigkeit in Vorsatz verdreht, so daß schließlich zwangsläufig dem Verhör ein Mörder entsprungen sei wie dem Zylinder des Zauberers ein Kaninchen. (Traps: »Das ist nicht wahr!«) Betrachte man den Fall Gygax nüchtern, objektiv, ohne den Mystifikationen des Staatsanwalts zu erliegen, so komme man zum Resultat, daß der alte Gangster seinen Tod im wesentlichen sich selbst zu verdanken habe, seinem unordentlichen Leben, seiner Konstitution. Was die Managerkrankheit bedeute, wisse man zur Genüge, Unrast, Lärm, zerrüttete Ehe und Nerven, doch sei am eigentlichen Infarkt der Föhnsturm schuld gewesen, den Traps erwähnt habe, gerade der Föhn spiele bei Herzgeschichten eine Rolle (Traps: »Lächerlich!«), so daß es sich eindeutig um einen bloßen Unglücksfall handle. Natürlich sei sein Klient rücksichtslos vorgegangen, doch sei er nun eben den Gesetzen des Geschäftslebens unterworfen, wie er ja selber immer wieder betone, natürlich hätte er oft seinen Chef am liebsten getötet, was denke man nicht alles, was tue man nicht alles in Gedanken, aber eben nur in Gedanken, eine Tat außerhalb dieser Gedanken sei weder vorhanden noch feststellbar. Es sei absurd, dies anzunehmen, noch absurder jedoch, wenn sich sein Klient nun selber einbilde, einen Mord begangen zu haben, er habe gleichsam zu seiner Autopanne noch eine zweite, eine geistige Panne erlitten, und somit beantrage er, der Verteidiger, für Alfredo Traps den Freispruch usw. usw. Immer mehr ärgerte den Generalvertreter dieser wohlmeinende Nebel, mit dem sein schönes Verbrechen zugedeckt wurde, in welchem es sich verzerrte, auflöste, unwirklich, schattenhaft, ein Produkt des Barometerstandes wurde. Er fühlte sich unterschätzt, und so begehrte er denn auch weiterhin auf, kaum hatte der Verteidiger geendet. Er erklärte, entrüstet und sich erhebend, einen Teller mit einem neuen Stück Torte in der Rechten, sein Glas Roffignac in der Linken, er möchte, bevor es zum Urteil komme, nur noch einmal auf das bestimmteste beteuern, daß er der Rede des Staatsanwalts zustimme – Tränen traten hier in seine Augen –, es sei ein Mord gewesen, ein bewußter Mord, das sei ihm jetzt klar, die Rede des Verteidigers dagegen habe ihn tief enttäuscht, ja entsetzt, gerade von ihm hätte er Verständnis erhofft, erhoffen dürfen, und so bitte er um das Urteil, mehr noch, um Strafe, nicht aus Kriecherei, sondern aus Begeisterung, denn erst in dieser Nacht sei ihm aufgegangen, was es heiße, ein *wahrhaftes* Leben zu führen (hier verwirrte sich der Gute, Wackere), wozu eben die höheren Ideen der Gerechtigkeit, der Schuld und der Sühne nötig seien wie jene chemischen Elemente und Verbindungen, aus denen sein Kunststoff zusammengebraut werde, um bei seiner Branche zu bleiben, eine Erkenntnis, die ihn neu geboren habe, jedenfalls – sein Wortschatz außerhalb seines Berufs gestalte sich etwas dürftig, man möge verzeihen, so daß er kaum auszudrücken in der Lage sei, was er eigentlich meine – jedenfalls scheine ihm Neugeburt der gemäße Ausdruck für das Glück zu sein, das ihn nun wie ein mächtiger Sturmwind durchwehe, durchbrause, durchwühle.

So kam es denn zum Urteil, das der kleine, nun auch schwerbetrunkene Richter unter Gelächter, Gekreisch, Jauchzen und Jodelversuchen (des Herrn Pilet) bekanntgab, mit Mühe, denn nicht nur, daß er auf den Flügel in der Ecke geklettert war, oder besser, in den Flügel, denn er hatte ihn vorher geöffnet, auch die Sprache selbst machte hartnäckige Schwierigkeiten. Er stolperte über

Wörter, andere verdrehte er wieder oder er verstümmelte sie, fing Sätze an, die er nicht mehr bewältigen konnte, knüpfte an an solche, deren Sinn er längst vergessen hatte, doch war der Gedankengang im großen und ganzen noch zu erraten. Er ging von der Frage aus, wer denn recht habe, der Staatsanwalt oder der Verteidiger, ob Traps eines der außerordentlichsten Verbrechen des Jahrhunderts begangen habe oder unschuldig sei. Keiner der beiden Ansichten könne er so recht beistimmen. Traps sei zwar wirklich dem Verhör des Staatsanwaltes nicht gewachsen gewesen, wie der Verteidiger meine, und habe aus diesem Grunde vieles zugegeben, was sich in dieser Form nicht ereignet habe, doch habe er dann wieder gemordet, freilich nicht aus teuflischem Vorsatz, nein, sondern allein dadurch, daß er sich die Gedankenlosigkeit der Welt zu eigen gemacht habe, in der er als Generalvertreter des Hephaiston-Kunststoffes nun einmal lebe. Er habe getötet, weil es ihm das Natürlichste sei, jemanden an die Wand zu drücken, rücksichtslos vorzugehen, geschehe, was da wolle. In der Welt, die er mit seinem Studebaker durchsause, wäre ihrem lieben Alfredo nichts geschehen, hätte ihm nichts geschehen können, doch nun habe er die Freundlichkeit gehabt, zu ihnen zu kommen in ihre stille weiße Villa (hier wurde nun der Richter nebelhaft und brachte das Folgende eigentlich nur noch unter freudigem Schluchzen hervor, unterbrochen hin und wieder von einem gerührten, gewaltigen Niesen, wobei sein kleiner Kopf von einem mächtigen Taschentuch umhüllt wurde, was ein immer gewaltigeres Gelächter der übrigen hervorrief), zu vier alten Männern, die in seine Welt hineingeleuchtet hätten mit dem reinen Strahl der Gerechtigkeit, die freilich seltsame Züge trage, er wisse, wisse, wisse es, aus vier verwitterten Gesichtern grinse, sich im Monokel eines greisen Staatsanwaltes spiegle, im Zwicker eines dicken Verteidigers, aus dem zahnlosen Munde eines betrunkenen, schon etwas lallenden Richters kichere und auf der Glatze eines abgedankten Henkers rot aufleuchte (die andern, ungeduldig über diese Dichterei: »Das Urteil, das Urteil!«), die eine groteske, schrullige, pensionierte Gerechtigkeit sei, aber auch als solche eben *die* Gerechtigkeit (die andern im Takt: »Das Urteil, das Urteil!«), in deren Namen er nun ihren besten, teuersten Alfredo zum Tode verurteile (der Staatsanwalt, der Verteidiger, der Henker und Simone: Hallo und Juchhei; Traps, nun auch schluchzend vor Rührung: »Dank, lieber Richter, Dank!«), obgleich juristisch nur darauf gestützt, daß der Verurteilte sich selbst als schuldig bekenne. Dies sei schließlich das Wichtigste. So freue es ihn denn, ein Urteil abgegeben zu haben, das der Verurteilte so restlos anerkenne, die Würde des Menschen verlange keine Gnade, und freudig nehme denn auch ihr verehrter Gastfreund die Krönung seines Mordes entgegen, die, wie er hoffe, unter nicht weniger angenehmen Umständen erfolgt sei als der Mord selber. Was beim Bürger, beim Durchschnittsmenschen als Zufall in Erscheinung trete, bei einem Unfall, oder als bloße Notwendigkeit der Natur, als Krankheit, als Verstopfung eines Blutgefäßes durch einen Embolus, als ein malignes Gewächs, trete hier als notwendiges, moralisches Resultat auf, erst hier vollende sich das Leben folgerichtig im Sinne eines Kunstwerkes, werde die menschliche Tragödie sichtbar, leuchte sie auf, nehme eine makellose Gestalt an, vollende sich (die andern: »Schluß! Schluß!«), ja man dürfe es ruhig aussprechen: Erst im Aktus der Urteilsverkündigung, der aus dem Angeklagten einen Verurteilten mache, vollziehe sich der Ritterschlag der Gerechtigkeit, nichts Höheres, Edleres, Größeres könne es geben, als wenn ein Mensch zum Tode verurteilt werde. Dies sei nun geschehen. Traps, dieser vielleicht nicht ganz legitime Glückspilz – da im Grunde nur eine bedingte Todesstrafe zulässig wäre, von der er aber absehen wolle, um ihrem lieben Freunde keine Enttäuschung zu bereiten –, kurz, Alfredo sei ihnen jetzt ebenbürtig und würdig geworden, in ihr Kollegium als ein Meisterspieler aufgenommen zu werden usw. (die andern: »Champagner her!«).

Der Abend hatte seinen Höhepunkt erreicht. Der Champagner schäumte, die Heiterkeit der Versammelten war ungetrübt, schwingend, brüderlich, auch der Verteidiger wieder eingesponnen in das Netz der Sympathie. Die Kerzen niedergebrannt, einige schon verglommen, draußen die erste Ahnung vom Morgen, von verblassenden Sternen, fernem Sonnenaufgang, Frische und Tau. Traps war begeistert, zugleich müde, verlangte nach seinem Zimmer geführt zu werden, taumelte von einer Brust zur andern. Man lallte nur noch, man war betrunken, gewaltige Räusche füllten den Salon, sinnlose Reden, Monologe, da keiner mehr dem andern zuhörte. Man roch nach Rotwein und Käse, strich dem Generalvertreter durch die Haare, liebkoste, küßte den Glücklichen, Müden, der wie ein Kind war im Kreise von Großvätern und Onkeln. Der Glatzköpfige, Schweigende brachte ihn nach oben. Mühselig ging es die Treppe hoch, auf allen vieren, in der

Mitte blieben sie stecken, ineinander verwickelt, konnten nicht mehr weiter, kauerten auf den Stufen. Von oben, durch ein Fenster, fiel eine steinerne Morgendämmerung, vermischte sich mit dem Weiß der verputzten Wände, dazu, von außen, die ersten Geräusche des werdenden Tages, vom fernen Bahnhöfchen her Pfeifen und andere Rangiergeräusche als vage Erinnerungen an seine verpaßte Heimreise. Traps war glücklich, wunschlos wie noch nie in seinem Kleinbürgerleben. Blasse Bilder stiegen auf, ein Knabengesicht, wohl sein Jüngster, den er am meisten liebte, dann dämmerhaft, das Dörfchen, in welches er gelangt war infolge seiner Panne, das lichte Band der Straße, sich über eine kleine Erhöhung schwingend, der Bühl mit der Kirche, die mächtige rauschende Eiche mit den Eisenringen und den Stützen, die bewaldeten Hügel, endloser leuchtender Himmel dahinter, darüber, überall, unendlich. Doch da brach der Glatzköpfige zusammen, murmelte »will schlafen, will schlafen, bin müde, bin müde«, schlief dann auch wirklich ein, hörte nur noch, wie Traps nach oben kroch, später polterte ein Stuhl, der Glatzköpfige, Schweigsame wurde wach auf der Treppe, nur sekundenlang, noch voll von Träumen und Erinnerungen an versunkene Schrecken und Momente voll Grauens, dann war ein Wirrwarr von Beinen um ihn, den Schlafenden, denn die andern stiegen die Treppe herauf. Sie hatten, piepsend und krächzend, auf dem Tisch ein Pergament mit dem Todesurteil vollgekritzelt, ungemein rühmend gehalten, mit witzigen Wendungen, mit akademischen Phrasen, Latein und altem Deutsch, dann waren sie aufgebrochen, das Produkt dem schlafenden Generalvertreter auf das Bett zu legen, zur angenehmen Erinnerung an ihren Riesentrunk, wenn er des Morgens erwache. Draußen die Helligkeit, die Frühe, die ersten Vogelrufe grell und ungeduldig, und so kamen sie die Treppe herauf, trampelten über den Glatzköpfigen, Geborgenen. Einer hielt sich am andern, einer stützte sich auf den andern, wankend alle drei, nicht ohne Schwierigkeit, in der Wendung der Treppe besonders, wo Stockung, Rückzug, neues Vorrücken und Scheitern unvermeidlich waren. Endlich standen sie vor der Türe des Gastzimmers. Der Richter öffnete, doch erstarrte die feierliche Gruppe auf der Schwelle, der Staatsanwalt mit noch umgebundener Serviette: Im Fensterrahmen hing Traps, unbeweglich, eine dunkle Silhouette vor dem stumpfen Silber des Himmels, im schweren Duft der Rosen, so endgültig und so unbedingt, daß der Staatsanwalt, in dessen Monokel sich der immer mächtigere Morgen spiegelte, erst nach Luft schnappen mußte, bevor er, ratlos und traurig über seinen verlorenen Freund, recht schmerzlich ausrief: »Alfredo, mein guter Alfredo! Was hast du dir denn um Gottes willen gedacht? Du verteufelst uns ja den schönsten Herrenabend!«

Das Haus

Ein junger Mann, mit dem Studium der Mathematik beschäftigt, verstrickt in eine Dissertation über Fragen der Grundlagenforschung, die ihn in immer ausweglosere Antinomien und unvermutete erkenntnistheoretische Schwierigkeiten führt, weshalb sein Studium kein Ende zu nehmen scheint, so sehr fühlt er sich in denkerische Sackgassen verrannt, geht eines Nachmittags die Spitalgasse hinunter, gegen fünf Uhr, begegnet einem Kommilitonen, den er von der Universität nur flüchtig kennt, einem untersetzten, rothaarigen, sommersprossigen Medizinstudenten. Er setzt mit ihm den Weg durch die Arkaden fort, widerwillig, sie haben den gleichen Weg, der Mathematiker will nicht unhöflich erscheinen. Er ist zerstreut, antwortet einsilbig, familiären, gutbürgerlichen Umständen nachgrübelnd, sein Onkel feiert seinen achtzigsten Geburtstag, stinkreich, der Bruder seines Vaters, in dessen Haus seine Eltern wohnen, der, an den

Lehnstuhl gefesselt, die Familie tyrannisiert, einmal wird man seine Millionen erben, der Student hat Blumen gekauft, fünf rote Rosen, eine ansehnliche Ausgabe für den Knappgehaltenen, obgleich er weiß, daß sein Onkel Blumen haßt, zu Hause wird alles für das Fest vorbereitet; er stellt es sich vor, wie er die Altstadt hinuntergeht an der Seite des unaufhörlich redenden Mediziners, der irgendeine grausige Geschichte aus der Anatomie erzählt, die offenbar witzig sein soll, vielleicht auch witzig ist, der junge Mann kümmert sich nicht darum, die Gedanken an das Bevorstehende haben ihm den Humor vertrieben: Gäste werden erwartet, einige Verwandte vom Lande sind sicherlich schon gekommen, sitzen verlegen in der Veranda, ein feierliches Abendessen steht bevor, mit dem bösartigen, verrunzelten Onkel am Ehrenplatz, die Serviette umgebunden, Suppe schlürfend, Einlaufsuppe, die er sich jeden Tag wünscht, zweimal, auch an seinem Geburtstag. Der junge Mann reißt sich zusammen, die ganze Festlichkeit ist ein unabwendbares jährliches Ereignis, es ist nicht zu umgehen, es muß wie alles Familiäre überstanden werden. Der Mathematiker und der Medizinstudent tauchen aus der schattigen Arkade in die Sonne, überqueren den Waisenhausplatz, kehren wieder in den Arkadenschatten der Marktgasse zurück, geraten wieder ins grelle Sonnenlicht, wie sie über den Zeitglokkenplatz schlendern. In der Arkade der Kramgasse bittet der Bekannte den jungen Mann unvermittelt und etwas verlegen, ihn in ein Haus in der Gerechtigkeitsgasse zu begleiten, welche die Kramgasse gegen die Nydeggbrücke hin fortsetzt, in eine Pension, er habe dort einen kurzen Auftrag zu erfüllen, ohne den kurzen Auftrag näher zu erläutern. Aus Gutmütigkeit kommt der Student der Mathematik dem Wunsche nach, aber auch aus einem bösartigen Pläsier heraus, den leidigen Gang nach Hause zu seinem sabbernden Onkel zu unterbrechen, und sei es auch bloß für Minuten. Sie betreten in der Gerechtigkeitsgasse ein altes Haus. Der Eingang führt durch einen schmalen Korridor mit gräßlicher geblümter, halb abgeblätterter Tapete zu einer Halle, auch hier ist die Tapete geblümt, zum Kotzen, mit farbigen Stichen an den Wänden, Stadtansichten, verschiedene dunkel gestrichene Türen, am Ende des Korridors steht ein Mann, riesig, dick, verschwitzt, stoppelige Haare, ein hängender Schnurrbart. Er ist im bloßen Hemd, trägt braune Manchesterhosen, über die seine schwabblige Wampe fällt, die Füße stecken in blauen, riesigen, geflickten Hausschuhen. Der

Riese tritt devot zur Seite, der Hauswart, wie der junge Mann annimmt, auch bemerkt er, daß es sich um einen Blinden handelt, eine Erkenntnis, die ihn erschreckt, ihm unbehaglich ist, er mag Blinde nicht. Aus einer Tür kommt eine Frau, sie ist schön, blond, gepflegt, trägt schwarze Hosen und einen schwarzen Pullover, die Frau des Hauswarts (wenn es überhaupt der Hauswart ist), denkt der junge Mann unwillkürlich, ohne zu wissen, weshalb er das annimmt, um so mehr, weil diese Annahme ihn verwirrt. Es kommt ihm vor, als sei er aus einem läppischen Zufall in eine nicht geheure Welt geraten, doch gleichzeitig verdrängt er den Gedanken als Unsinn, er ist schließlich Mathematiker, kennt das Paradoxe nur aus logischen Zwangsläufigkeiten, aus der Mengentheorie etwa, einen nicht mathematisch faßbaren Unsinn gibt es nicht, ein Unsinn, der nicht aus der Logik heraus geboren wurde und deshalb eigentlich keinen Unsinn darstellt, ist undenkbar. Von hoch oben durch ein schmutziges Glasdach dringt das ferne Tageslicht gelblich, als sei eine Cremeschnitte in der Sonne geschmolzen, die Halle ist eigentlich mehr ein Treppenhaus mit massigen gedrechselten Holzgeländern. Der rothaarige, sommersprossige Medizinstudent geht ohne zu grüßen an dem blinden Hauswart (angenommen es sei der Hauswart) und seiner Frau vorbei (falls sie wirklich dessen Frau ist), steigt eine Treppe hoch, gelangt ins erste, dann ins zweite Stockwerk, der Mathematiker hinterher, seine fünf Rosen vor sich hertragend, feierlich, lächerlich, wie ihm beim Hinaufsteigen bewußt wird. Auch hier sind die Wände mit fürchterlichen geblümten, halb abgeblätterten Tapeten beklebt, wieder mit alten farbigen läppischen Stichen versehen, mit ewigen Stadtansichten einer längst verbauten Kleinstadt, die einst Großmacht spielte, mit Frankreich großspurig verhandelte, Bauern köpfte und in die Tannen hängte, wieder durch verschiedene Türen unterbrochen, in der Mitte des Treppenhauses befindet sich der Treppenschacht, auf dessen Grund der riesige, dicke, verschwitzte, blinde Hauswart oder Hausbesitzer oder Pensionär oder wer er sonst auch immer ist, nach oben horcht, ohnmächtig, gierig, lüstern, wie der junge Mann fühlt, ohne hinabzusehen. Der Bekannte klopft an eine der Türen, eine junge Dame kommt aus einem Zimmer, rote Haare, sommersprossig wie der Medizinstudent. Ein knallroter Bademantel verhüllt den Leib, die Brüste sind halb nackt. Sie macht dem Bekannten eine Szene, beide schreien, beschimpfen einander, beide sind wie verrostet im schmierigen

Licht des Treppenschachts, alles kommt dem jungen Mann kitschig vor, zuviel rote Farbe, wie von einem Sonntagsmaler auf eine Leinwand gepappt. Der Medizinstudent ergreift die Flucht, poltert die Treppen hinab, von Ferne schlägt die Haustür zu, der Student der Mathematik steht mit seinen fünf roten Rosen für seinen bestialischen Onkel allein mit der jungen ramponierten Dame da. Die Szene ist unpassend, es ist ihm peinlich bewußt, allzu peinlich, verlegen gegen das Geländer gelehnt, vage an die Grundlagenforschung denkend, um sich abzulenken, auf einmal umringt von empörten Pensionären, die aus allen Türen quellen, von oben herabsteigen, wo sich offenbar weitere Stockwerke befinden, von unten heraufhumpelnd alte Männer und alte Frauen, ein Schwall von Schweiß, Zahnpasta, Odol, billigem Parfüm dringt herauf und herab, die alten Leute sind verwahrlost und ungepflegt, in Haus- und Morgenröcken. Sie sehen im jungen Mann den Urheber des Streites, um so mehr, als sich die junge Dame, ohne eine Erklärung abzugeben, in ihr Zimmer zurückzieht, mit flammenden roten Haaren, eben mit offenem knallrotem Bademantel, so daß er noch ihren nackten sommersprossigen, unanständigen Leib sieht, unanständig, weil ihm plötzlich alles unanständig vorkommt, wohl weil alles nun wirklich sinnlos ist, zufällig, improvisiert, konfus, ohne Zusammenhang der Dinge, mathematisch nicht greifbar, auch aufgrund der Grundlagenforschung nicht, skandalöseste Wirklichkeit. Der Mathematiker versucht vergeblich, seine zufällige Anwesenheit zu erklären, sie ist auch logisch fragwürdig, sein Dasein in keiner Weise zu begründen, die roten Rosen sprechen gegen ihn, die Geschichte mit dem Geburtstag seines Onkels glaubt ihm niemand, überhaupt sind Onkel als Motive unglaubwürdig, wer kauft einem Onkel schon Rosen, einem Onkel kauft man Zigarren, und wenn er nicht raucht, Pralinen, alte Männer lieben Süßigkeiten. Er verwickelt sich in die mannigfaltigsten Beziehungen mit den Hausbewohnern, wird allein durch seine Gegenwart mit einem Pensionär nach dem anderen bekannt, er ist nun einmal aus Zufall in dieses Haus geraten, erfährt eine Lebensgeschichte nach der anderen, ein skurriles Schicksal nach dem anderen, er kann sich nicht freimachen, aus Gutmütigkeit, aus Schüchternheit, aus Verlegenheit. Eine alte Jungfer nimmt ihn geheimnisvoll in ihr kleines Biedermeierzimmer beiseite, auch sie im Biedermeierkostüm, an den Wänden in ovalen Rahmen Schattenrisse. Der Mathematikstudent muß sich setzen, sie setzt sich ihm gegenüber, ein Tisch mit Patiencen zwischen ihnen, sie flüstert, sie warnt ihn vor Bismarck, das preußische Ungeheuer werde bald Österreich überfallen, er habe riesige weiße Ballone mit schwarzen Streifen bereitstellen lassen, die Rattenkönige in alle Länder Europas tragen sollten, ungeheure stinkende Klumpen von Tausenden zusammengewachsener und zusammengeklebter Ratten, tonnenschwer, praktisch unsterblich, zeugend, gebärend, krepierend in einem einzigen grausigen Rattenbrei, gelbäugig, schrill pfeifend vor Wut, Millionen von Jungtieren aus ihren geschwollenen Bäuchen werfend, immer wieder, wenn sie erst einmal gelandet seien, würden aus diesen scheußlichen Klumpen unermeßliche Rattennationen herausschießen in unvorstellbarer Mächtigkeit, sich pfeilschnell verbreitend, die Länder kahlfressend, Tiere und Menschen anfallend, die Meere durchschwimmend, so daß ein Kontinent um den anderen dem Andrang der Ratten erliegen würde, rettungslos, gleichsam von einer Rattensintflut verschlungen, erstickt unter den grauen, glitschigen kleinen Leibern, dazu dezimiert von der Pest und von noch schrecklicheren Seuchen, selbst die Kirchen, die Museen und die Bibliotheken würden ratzekahl gefressen, kein Stein bliebe auf dem anderen, indem alles, Städte, Dörfer und Einzelhöfe, in die von unzähligen Gängen unterhöhlte Erde hinabstürzen würde, alles sei wohlgeplant, aufs minutiöseste kalkuliert vom preußischen Junker, den der preußische König schon bald zu seinem Ministerpräsidenten machen wolle, das alte Fräulein glaubt sich offenbar in einem anderen Jahrhundert, die Zeit ist für sie zurückgeblieben. Der junge Mann empfiehlt sich, die weiterplappernde Dame nimmt keine Notiz mehr von ihm. Aufatmend erreicht er den Korridor, doch ein alter Ingenieur fängt ihn ab, glattrasiert, kahlköpfig, mager, ganz in Weiß, mit weißen Turnschuhen, führt den Studenten in sein Zimmer, in einen kahlen Raum, weiße Kalkwände, ein Feldbett, ein Stuhl, eine Schiefertafel, ein Tisch mit einem Apparat. Er erläutert dem Studenten seine komplizierte Erfindung, ein Durcheinander von Spulen, Batterien, Drähten, ein Oszillograph, er versucht eine Zeitfalle aufzustellen, seine Augen sind fiebrig, fahrig kritzelt er mit weißer Kreide die Schiefertafel voll, wilde unverständliche Symbole, die Zeit bestehe aus Partikeln, die kleinsten existierenden Einheiten, die linear, gleichsam eindimensional dahinschössen, in Lichtgeschwindigkeit, zweidimensional, paarweise also, stellten diese Zeiteinheiten die Energie, dreidimensional die Materie, vierdimensional den Raum dar, wenn es gelänge, ein Zeitpartikel einzufangen, ein einziges nur, werde die Zeit stillstehen, die Ewigkeit anbrechen, endgültig, unbedingt, ein ungeheurer Ruck werde durch das Weltgebäude gehen, die Energie, die Materie, der Raum werde in einen Punkt zusammenstürzen, in die eingefangene Zeiteinheit eben. Weltuntergangsaussichten auch hier. Der junge Mann vermag sich nur mühsam zurückzuziehen –, der Ingenieur ist jähzornig, verständlich kurz vor Anbruch der Ewigkeit, in wenigen Minuten werde die Zeitfalle funktionieren, der junge Mann sei doch Mathematiker, Grundlagenforscher, es sei gänzlich unverständlich, daß er dem unerhörten Ereignis nicht beizuwohnen gedenke –, doch erwartet ihn schon die rothaarige Freundin seines rothaarigen Bekannten im Treppenhaus, immer noch im knallroten Bademantel, immer noch nackt darunter, entschuldigt sich, wenn auch widerwillig, sein Freund sei ihrer schon längst überdrüssig, sie wisse, daß er den Mathematiker nur mitgeschleppt habe, damit sie dessen Freundin werde. Der junge Mann versichert, das sei nicht der Fall, keineswegs, er habe nichts von ihrer Existenz gewußt, im übrigen sei er auch kein Freund ihres Freundes, sondern bloß ein flüchtiger Bekannter. Sie will ihm nicht glauben, die Geschichte des Onkels sei ein Märchen, wer schenke schon einem achtzigjährigen Onkel rote Rosen. Nun will er nach Hause, endgültig, sein Onkel hat Geburtstag, die pure Wahrheit, wenn auch die Wahrheit, er gebe es zu, unwahrscheinlich sei, er weist ihr immer wieder entschlossen, wenn auch völlig unnötig, die fünf roten Rosen vor, die nun schon mehrere Blätter verloren haben und sich ohnehin recht erbärmlich ausmachen, auch sie seien als Geschenk für einen achtzigjährigen Onkel unwahrscheinlich, auch das gebe er zu, der Onkel habe sich zwar Havannas gewünscht, aber nun habe er, der Student, ihm eben Rosen gekauft, das sei sein Recht, das gehe niemanden etwas an. Die junge Rothaarige wird energisch, resolut, sie läßt sich nicht überzeugen, ihre Stimme wird wieder schrill, in den Türen erscheinen aufs neue die Pensionäre, spähen herauf, herunter, der Mathematiker kann sich nicht befreien, wer wird schon gegen eine junge Dame brutal, auch wenn sie Unsinn schwatzt, es wird spät, vom dreckigen Glasdach dringt nur noch spärliches Licht ins Treppenhaus, er erweckt die Eifersucht des blinden Hauswarts oder Hausbesitzers oder Pensionärs, wie er spürt, der die Treppen herauftappt, dumpf, riesig, die junge rothaarige

Dame ist außer sich, schreit, sie lasse sich nicht verkaufen, sie sei keine Dirne, der junge Mann solle wenigstens den Mut haben und zu seiner schändlichen Absicht stehen. Der junge Mann ist verblüfft, steht verlegen da, immer noch die roten, nun bedenklich entblätterten Rosen in der Hand, die Pensionäre glotzen ihn an, alles scheint sich von vorne abzuspielen, wie ein Rad zu drehen, von unten nähert sich keuchend der ungestalte Blinde, der junge Mann weicht aus, gelangt ins oberste Stockwerk, wird von einer gespenstischen Gestalt angefallen, in deren riesigem Gesicht die Nase fehlt, nur zwei scheußliche Löcher befinden sich an ihrer Stelle. Der junge Mann ist starr vor Entsetzen, um so mehr, als sich das nasenlose Antlitz an das seine preßt. Er wird in ein Zimmer gesperrt, auf den Boden geschleudert. Er krümmt sich zu Füßen eines Offiziers in einer schwarzen ss-Uniform, dem nicht nur die Nase fehlt, das ganze Gesicht ist auf die gräßlichste Weise verbrannt. Der Offizier setzt sich auf ein ungemachtes Bett, außer einem Schrank befindet sich nichts im Zimmer, außer daß hinter Glas unzählige aufgespießte Schmetterlinge die Wände dekorieren. Der Offizier beginnt zu sprechen, die starren, lidlosen Augen unbeweglich, aus dem lippenlosen Mund dringt bloß ein Krächzen, er sei der wahre Gauleiter dieses Landes, der Stellvertreter des Heiligen Reiches, der Führer sei der geheime Menschensohn gewesen, die leibliche mystische Synthese zwischen Gott und Satan, der Führer habe freiwillig auf die Macht verzichtet und sich geopfert, damit die Erde als etwas Schmutziges der Atombombe anheimfalle und sich ins Nichts auflöse, denn nur so könne die Welt von der Erde gereinigt werden, von diesem unzüchtigen Planeten, der in Wahrheit ein Planet der Würmer sei. Im übrigen solle der Student sich hüten, das rothaarige Mädchen im knallroten Bademantel noch einmal zu besuchen und ihr Rosen zu bringen, es sei seine Braut, mit der er nach dem Untergang der Erde durch einen dritten Weltkrieg auf einem anderen, würdigeren Planeten eines anderen würdigeren Sonnensystems einen zweiten Führer zeugen werde, den Sohnmenschen. Nach dieser Erklärung erhebt sich der Offizier ruhig, reißt den jungen Mann hoch, der immer noch auf dem Boden liegt, schlägt ihn zusammen. Der Student in mathematischer Grundlagenforschung taumelt blutend ins Treppenhaus, halb ohnmächtig, unten hört er immer noch den Blinden nach ihm herumsuchen, er verirrt sich auf den Dachboden, weiß nicht, wie er dahin geraten ist, Gerümpel, Möbel, zusammengerollte Teppiche, einige Mansardentüren, er findet ein Fenster, mehr ahnt er es, als daß er es sieht, öffnet es, blickt ins Treppenhaus hinunter. Der Mathematiker lauscht, noch hört er ferne Stimmen, irgendwo wird eine Tür zugeworfen, irgendwo flucht jemand, der Hauswart offenbar, sicher ist er der Hauswart, mordgierig, irgendwo glaubt der junge Mann die Stimme der blonden Frau zu hören, die ihn besänftigt, sicher ist sie dessen Frau, dann wird es still, vom schmutzigen Glasdach her fällt kein Licht mehr in die Finsternis des Treppenhauses, von einem Zimmer her wehen Klänge, Mozart, irgendeine Sinfonie, über vierzig Sinfonien hat Mozart geschrieben, denkt der junge Mann verbittert. Er schließt das Fenster, tappt wieder über den Dachboden, zwischen Teppichrollen, Stühlen und Tischen, ein Gegenstand fällt um, zerklirrt, ein Spiegel oder ein Bild, er sucht den Ausgang, die Finsternis ist total, verzweifelt tastet er nach einem Lichtschalter. Er will nun endgültig nach Hause zum Geburtstagsfest seines blödsinnigen Onkels mit der umgebundenen Serviette, schon wird alles am Tisch sitzen, feierlich, nur noch auf ihn warten, verlegen, weil er nicht kommt, der Onkel wird wütend sein, die Einlaufsuppe immer wieder zurückweisen, die man immer wieder aufwärmt. Er will den Dachboden verlassen, draußen ist es wohl schon Nacht; eine Türe zu einer Mansarde öffnet sich, schwaches Licht, mehr ein milchiger Schimmer, ein nackter schmaler Leib, weiße Bettlaken, vielleicht ist es die Freundin seines Bekannten, vielleicht die Frau des Blinden, er weiß es nicht, es ist ihm gleichgültig, alles ist ihm gleichgültig, die fünf blödsinnigen Rosen liegen auf dem Boden der Mansarde, irgendwo, längst verwelkt, längst entblättert, die Frau ist nachgiebig, zärtlich, die Szene gespenstisch und stumm, nur noch Fetzen von einigen mathematischen Formeln tauchen auf, plötzlich wird ihm das Problem der Grundlagenforschung deutlich, das Logische an sich, überdeutlich, für Sekunden ist er der bedeutendste Mathematiker, der bedeutendste Logiker, für Sekunden begreift er auch den Zufall, begreift er alles, den Zusammenhang des Unzusammenhängenden, dann vergißt er alles, fühlt nur noch einen Leib, Brüste, einen Schoß, im Mansardenfenster steht ein halber Mond, zieht vorüber, er ist unersättlich, jung, nicht umzubringen, es ist ihm gleichgültig, mit wem er schläft, er versucht gleichwohl, die Frau zu erkennen, vergißt es wieder, plötzlich hat sie ihn verlassen, wie er sie hätte erkennen können. Er ist allein. Der Himmel hellt sich auf, wird hell, weiß. Er kleidet sich an, verläßt die Mansarde, der Dachboden ist immer noch dunkel, er findet das Treppenhaus, es ist silbrig erhellt, versilbert sich immer mehr im schmutzigen Silber des heranbrechenden Tages, er schleicht vorsichtig an all den Türen vorbei, das Haus zu verlassen, und wie er schon den Korridor mit der gräßlichen geblümten, halb abgeblätterten Tapete durchschritten hat, wird er vom schweißigen, wampigen, eifersüchtigen Blinden von hinten in der Haustüre mit einem Feuerhaken erschlagen, mit einem so gewaltigen Schlag und mit einem so gewaltigen Zufallstreffer, daß der junge Mann tot auf die Straße fällt, aus der Türe des Hauses, in das ihn ein Zufall führte, auf die Arkade der Gerechtigkeitsgasse hinaus, halb ins nun grelle Licht des Morgens.

Aufenthalt in einer kleinen Stadt

Fragment

Die Ankunft

Bertram, der letzte Freiherr von Schangnau, der sich seit mehreren Jahren de Schangnau nannte, ein nach Strich und Faden verkrachter Bankier, fuhr mit dem letzten Zug seinem Wohnort Yverdon zu.

Auf der Suche nach einer neuen Beschäftigung war er in Basel gewesen bei einem ebenfalls ruinierten Geldmenschen, dessen Sturz den seinen verschuldete (oder umgekehrt, wie der Basler behauptete), und dem es mit den letzten Moneten gelungen war, einen Verlag zur Verteidigung des Abendlandes zu gründen, ein durchsichtiges Geschäft, das überdies gut gedieh, obgleich gerade ihm ein jeder den Zusammenbruch voraussagen konnte; doch hatte de Schangnau das Angebot, als Reisender dem jungen Unternehmen beizutreten, vorderhand noch abgelehnt, da ihn die Hoffnung nicht ganz verlassen hatte, beim Verband der Neuenburger Weißweinhändler als Sekretär oder Propagandachef eingestellt zu werden.

Er fuhr seinem Ziel durch milde Winterlandschaften entgegen, die wie verblichene Prospekte vorbeiglitten. Er war dreiundvierzig, ein Mensch von der alltäglichsten Sorte – sehen wir von seinem vielleicht mehr legendären als wirklichen Berner Adel ab – in einer unmöglichen finanziellen Lage, wie ja viele unter uns, mit einem zehnjährigen Mädchen zu Hause und einer Frau, die er geheiratet hatte, um seine Bank irgendwo unterzubringen, wie er sich dies jetzt eben eingestand: War Madeleine doch eine geborene Le Locle, ebenfalls die letzte ihres Geschlechts und als solche im Besitz eines düsteren, aber pompösen Hauses in Yverdon (am ›Place‹ zwischen dem Schloß und der Kathedrale).

Er stand im Korridor, den grauen Tweedmantel übergeworfen, gegen ein Fenster gelehnt, untergegangen im öden Einerlei des schweizerischen Alltags. Er blickte nach dem Erstklaßabteil, wo ein Reisender den Mantel anzog, auch Tweed, auch grau, um wohl beim nächsten Halt auszusteigen. Er erinnerte sich, im Höhepunkt seiner Bankgeschäfte ebenfalls Erster gefahren zu sein, in diesen kleinen, rotgepolsterten Stuben mit den farbigen Hodlers und Böcklins, Calames und Ankers an den Wänden zur Erziehung der oberen Zehntausend und mit den stets etwas neidischen und vorwurfsvollen Gesichtern derer, die hinter den Innenscheiben den Korridor passieren. Als sich die Schwierigkeiten einstellten (die Wechsel, die nicht einzulösen, die Aktien, die wertlos waren, die beinahe gefälschten Unterschriften, die Polizei, die mehrere Male erschien), hatten ihn die Coupés zweiter Klasse umgeben, Coupés, die nur noch von Bildern der Heimat geziert waren: die Berner Altstadt etwa, das Kloster Einsiedeln, die Blümlisalp von Westen, der Napf von Süden und das Matterhorn von Norden her oder die Payerner Kathedrale. Bald würde er in den beinahe kahlen, beinahe kultur- und heimatlosen Wänden der dritten Klasse reisen, wie er sich dies einmal vorgenommen hatte. Auch jetzt eben.

Draußen war es längst Nacht geworden. Der Zug hatte es nicht sonderlich eilig dem Jura entlang, er hielt da und dort. De Schangnau ärgerte sich, daß er den schnelleren Zug über Delémont verpaßt hatte und nun den Umweg über Olten machen mußte. Der Koffer und die Mappe lagen im Netz über seinem verlassenen Sitz, drei Tage war er fort gewesen, die Engländerin hatte er auch wieder getroffen. Im christlichen Hospiz. Auch dies war ein Abstieg. Einst war er seinen Ehebrüchen in den ›Drei Königen‹, oder, war er in Zürich, im ›Baur au Lac‹ nachgekommen. Gelangweilt schaute er ins Abteil zurück, das er verlassen hatte, sich im kälteren Korridor von der Wärme zu erholen. Die Züge wurden überheizt in diesem Lande. Zweiundzwanzig Grad, wer hielt das auch aus. Der Student war über seinem Lehrbuch der Anatomie eingeschlafen, und der Handlungsreisende, der in Oensingen eingestiegen war, döste im milchigen Widerschein der Scheiben vor sich hin. De Schangnau sah auf die Uhr. Einundzwanzigsiebenunddreißig. Um Zweiundzwanzigneunundfünfzig würde er zu Hause sein. Er steckte eine Parisienne in Brand. Alles war durchzittert vom gleichmäßigen Stampfen des Zuges, alles eingesponnen in Glas und Eis. Der Zugführer wankte vorbei mit seiner roten Tasche und kurz danach, vom Speisewagen her, der Lausanner Staatsrat Roß – zum Glück kurzsichtig –, mit dem er einst befreundet gewesen war. De Schangnau spähte hinaus. Er ahnte ferne Lichter und Leuchtreklamen, und der Zug fuhr, vielleicht zwischen Solothurn und Grenchen, vielleicht auch anderswo, in den Bahnhof einer kleinen Stadt ein, den der Bankier durch den Eisbelag kaum zu erkennen vermochte und bei dem es keinen vernünftigen Grund hätte geben können, auszusteigen.

Daß er dies gleichwohl tat, war in einer gewissen Neugier begründet, die noch das einzige war, woran er sich klammern konnte. Er hatte durch die beinahe blinde Scheibe eine hellerleuchtete Frauenhand gesehen, die aus einem Kiosk heraus den Reisenden der ersten Klasse bediente, der eben ausgestiegen war.

De Schangnau konnte der Versuchung nicht widerstehen. Er stieg aus dem Zug. Der leere Bahnsteig war nur notdürftig erleuchtet. Die Kälte ernüchterte ihn. Er ging den Zug entlang und trat zum Kiosk. Doch entsprach die Verkäuferin nicht ganz der zierlichen Hand. Ihre Zähne waren schwarz und verfault. Der Bankier zögerte, wußte nicht, was er eigentlich gewollt hatte, was er nun sollte, verlangte endlich Zigaretten, obgleich er noch ein Paket in der Tasche hatte, und suchte nach Geld, ärgerlich über sein Aussteigen. Da setzte sich der Zug in Bewegung. Der letzte Freiherr von Schangnau konnte nicht aufspringen, der übergeworfene Mantel hinderte ihn. Es blieb ihm nichts anderes, als in den Tweed zu schlüpfen, ihn zuzuknöpfen und nach der erleuchteten Fensterreihe zu starren, die mit steigender Schnelligkeit an ihm vorbeiglitt und in der Nacht verschwand, im leeren Raum, wie ihm schien.

Schnellzüge – bemerkte leicht verärgert, als sei ihm das Mißgeschick begegnet, der Bahnhofsvorstand, an den de Schangnau sich wandte –, Schnellzüge hielten nur kurz, und es sei am besten, sie nicht unnötigerweise zu verlassen, Zigaretten könne man auch im Speisewagen kaufen. Wo er denn hinwolle?

»Nach Yverdon.«

Wo Pestalozzi gelebt habe, stellte der Bahnhofsvorstand fest und klemmte die Kelle unter den Arm, die das Unglück verschuldet hatte.

»Richtig«, antwortete de Schangnau.

Yverdon sei nicht mehr zu erreichen, fuhr der Bahnhofsvorstand fort, im Kursbuch blätternd, es tue ihm leid.

De Schangnau meinte nachlässig und den Bankier spielend, der er nicht mehr war, man sollte sich um sein Gepäck kümmern, im Raucherabteil zweiter Klasse.

Er werde telephonieren, sagte der Bahnhofsvorstand.

Wie denn das Städtchen heiße?

Konigen.

»Sie!« lachte der verkrachte Bankier: »Wer kommt auch nach Konigen. Betrachten wir uns in Gottes Namen dieses traurige Nest. Gibt es ein anständiges Hotel?«

Der ›Wilhelm Tell‹ sei so eines, antwortete der Bahnhofsvorstand mit Würde und wandte sich ab.

›Nun‹, dachte de Schangnau, ›wer in der Stadt Pestalozzis wohnt, kann auch im 'Wilhelm Tell' übernachten, nickte dem Bahnhofsvorstand zu, ohne dessen Zorn und Abwendung zu bemerken, und betrat die Halle. In der Mitte band sich der Mann, der im Tweedmantel im Erstklaßabteil gesessen hatte, den linken Schuh, zusammengekrümmt, in einer sicher unangenehmen Stellung. De Schangnau sah der Verkäuferin nach, die ihren Kiosk geschlossen hatte und nun an ihm vorbei zum Ausgang strebte. Die Frau kam ihm doppelt reizlos vor in ihrem roten Mantel und ihren Skihosen. Im Ausgang stand ein Zeitungsverkäufer, frierend, mit Ohrenwärmern und eine Brissago rauchend. Der Freiherr kaufte sich das ›Feuille d'Avis de Lausanne‹, die ›Basler Nachrichten‹ und die ›Sie und Er‹. Im ›Wilhelm Tell‹ wollte er noch etwas lesen, im Bett vor dem Einschlafen, zu Hause am ›Place‹ würde er dies auch tun.

Auf dem Bahnhofsplatz war es kalt. Das Städtchen lag entfernt, wohl gegen die Hügelkette zu, nur wenige Häuser umgaben den schwach beleuchteten Platz, das Hotel ›Zum Bahnhof‹, das aussah wie alle Hotels ›Zum Bahnhof‹, und ein neuerer Bau, die Post. Ein Trolleybus fuhr davon, der rote Mantel der Verkäuferin leuchtete durch die Scheiben. Der Platz war nun menschenleer. Vor der Post stand eine Telephonautomatensäule, vor dem Hotel kahle Bäume, und vom Städtchen her wehten Stimmen, Musik, Singen. Über allem ein halber Mond, dann, noch weiter entfernt, ein Stern, wie hingesetzt auf den silbergrauen Grund. Der ruinierte Bankier fühlte sich verlassen, gescheitert, an eine böse Küste geworfen. Die Sehnsucht nach etwas Warmem stieg in ihm auf, nach seiner Stube zu Hause mit dem Wappen der Le Locles über dem Kamin, nach dem Familientisch, nach seiner Frau sogar. Er haßte mit einem Male alles Reisen, wie er auf diesen nächtlichen Platz starrte, alle Engländerinnen, alle unehrlichen Manöver, die ganze Welt der Schiebungen und der Geschäfte, in der er sich so ungeschickt bewegte. Er beschloß, das Taxi zu nehmen, das angefahren kam, das letzte Taxi, das er sich leisten wollte. Kaum, daß es hielt:

»›Wilhelm Tell‹«, sagte de Schangnau, als sich die hintere Wagentüre öffnete, und stieg ein.

Daß dieses Taxi nicht in Ordnung war, bemerkte der Bankier erst später. Er raste davon in einer recht eigentlich höllischen Geschwindigkeit, den Häuserreihen entgegen, dann durch eine breite Geschäftsstraße, voll von Menschen vor hellen Läden, an Kinos vorbei. De Schangnau lehnte sich zurück und schaute durch die Scheibe. Er hatte sich Konigen anders vorgestellt, »ein Nest wie Konigen« war ein Sprichwort im Lande, nun schien es ihm während dieser nächtlichen Fahrt etwas Großstädtisches zu haben, so daß ihm denn auch das rücksichtslose Gebaren des Chauffeurs natürlich schien, doch als er seinen Blick zur anderen Scheibe wandte, bemerkte er, daß er sich nicht allein im Wagenhintergrund befand. Neben ihm saß einer, nur undeutlich, nur als Silhouette zu erkennen, ebenso zurückgelehnt wie er.

»Nun«, sagte der andere, »es gilt, in zwei Minuten geht sie los!«

Ehe de Schangnau begriffen hatte, wurde ihm ein runder Gegenstand in den Schoß gelegt, groß wie ein Kopf, schwer und aus Metall, ein Gegenstand, den er unwillkürlich an sich preßte.

Der Wagen hielt, und der Bankier stand draußen, mitten auf einem kleinen, alten Platz, gepflastert, umgeben von ehrwürdigen Gebäuden, siebzehntes, achtzehntes Jahrhundert, und einem Hochhaus, das nicht recht dazu paßte. Der andere hatte ihn hinausgeworfen, er stürzte beinahe, kaum daß er sich auf den Beinen halten konnte. Was sei, wollte er schreien, bevor der Wagen, aufheulend, in eine Gasse einbog und verschwand. Doch kam er nicht zum Protestieren. Denn als er sich den Gegenstand besah, den er in den Händen hielt, war es eine Bombe.

Wir geben die ungewöhnliche Situation zu: Ein Bankier, nach Strich und Faden verkracht, mit einer Bombe, die in nun nicht ganz zwei Minuten zu explodieren drohte, mitten in einem nächtlichen Städtchen, von dem er nichts weiß als den Namen, das er eben zum ersten Mal in seinem Leben betreten hat: eine Situation, die denn auch de Schangnau mit einem Schlag aus der Gleichgültigkeit zu reißen drohte, in die er gesunken war in allem, was er unternommen hatte, sei es seine Ehe am ›Place‹ in Yverdon, seien es seine mißglückten Geschäfte gewesen.

Das Erwachen war schmerzlich. Das Abenteuer, das ihm so unvermutet zugestoßen war, wünschte er in alle Himmel. Er stand da, jämmerlich, bleich, frierend, den unheimlichen Gegenstand in Händen und eben im Begriff, die Bombe niederzulegen und davonzulaufen, was auch das natürlichste schien. Doch er wurde gestört.

Von der Kirche her, die er hinter den Häusern emporragen sah, brach ein Umzug in den Platz ein, eine Blasmusik, die Musiker mit funkelnden Helmen, in schwarz-roten Uniformen, Notenblätter vor den Gesichtern an die Instrumente geheftet, die Feuerwehr offenbar, die nun mit feierlicher Macht einsetzte, ›Näher mein Gott zu Dir‹, hinter ihr Fackeln, Menschen; Fenster öffneten sich.

De Schangnau, nicht ganz kopflos, überzeugt, schon von vielen bemerkt worden zu sein, bedacht, keine Opfer zu riskieren, wich in ein schmales Gäßchen zurück, ins nächstbeste (was blieb ihm anderes übrig), rannte durch eine Häuserschlucht, die kein Ende nahm, an Neugierigen vorüber, die zum Umzug strebten, bis er nicht mehr weiterkonnte.

Vor ihm stand ein alter Turm, mit Scheinwerfern hell erleuchtet, romanisch oder gotisch, was wußte der Bankier, mit einem riesigen Zifferblatt, mit goldenen Zeigern, unter denen sich jetzt eben Figuren bewegten, der Papst, der Kaiser, der Bürger, weiter oben nickten Apostel, ein Tod schwang eine Sense. Es begann dumpf zu schlagen. Zehn Uhr. Der Torbogen des Turms war leer, eine weitoffene Höhle, der Turm unbewohnt, wie es schien, mit einer Tafel über dem Tor: Museum, Besuchszeiten zehn bis zwölf, zwei bis fünf. Nur noch wenige Sekunden. De

Schangnau erinnerte sich, den Turm irgendwo gesehen zu haben, vielleicht unter den Heimatbildern in den Zweitklaßcoupés, als etwas, wenn nicht für die Schweiz, so doch für Konigen Berühmtes, Ehrwürdiges, Sinnbildliches, doch bot das Gebäude die einzige Möglichkeit, niemanden zu gefährden, wenn überhaupt noch eine vorhanden war, denn schon näherte sich der Festzug, wurde das Blasen gewaltiger, immer noch ›Näher mein Gott zu Dir‹, öffneten sich auch hier überall die Fenster. Und so warf er denn die Bombe durchaus mit dem Gefühl einer schmerzlichen Humanität unter den Turm und rannte gegen die nächste Tür, die nachgab. Der Bankier stolperte in einen Hausgang, noch hörte er einen Schlag der Turmuhr, einen Glockenton des Jüngsten Gerichts, noch einen zweiten, dann kam die Explosion.

Der Korridor, in den der Attentäter sich zurückgezogen hatte, schwankte, Feuer stand in der Türe, das Getöse war ohnegleichen. De Schangnau fühlte, wie Gips auf ihn niederrieselte, und zog sich weiter ins Innere des Hauses zurück, da draußen nun ein unermeßliches Zusammenkrachen anhob. Er tappte vorsichtig weiter und stieß gegen eine Türe, die sich öffnen ließ. Er hatte Glück. Er stand auf einer Straße, einem Gasthaus gegenüber, dessen Schilder die unverkennbare Figur des schweizerischen Nationalhelden zierte, wie der Bankier erleichtert feststellte; nur noch wünschend, sich in ein Bett legen und eine Decke über die Ohren ziehen zu dürfen, komme, was da wolle.

Im Coiffeurladen

Er schlief bis neun. Wie von ferne hatte er beim Auskleiden und Einschlafen, zitternd und frierend von seinem Abenteuer, die heranheulenden Feuerwehrwagen, das erregte Zusammenlaufen der Massen noch vernommen. Dann, jäh erwacht, erstaunt, daß schon die Sonne durch die Vorhänge schien, war jedoch nicht die drohende Verhaftung seine erste Sorge, die würde schon von selber kommen, das Spießrutenlaufen zur Polizei an der Seite eines biederen Beamten, das peinliche Verhör, der Unglaube, mit dem man seinen Bericht aufnehmen würde; was ihn quälte, war, daß er nur noch zehn Franken besaß, das einzige Vermögen, welches er zur Zeit aufzuweisen vermochte.

Im ›Wilhelm Tell‹ hatte er sich nach alter Gewohnheit als Bankier eingeschrieben, ›Bertram de Schangnau, Directeur de la Banque de Schangnau et Le Locle, 10 Rue Pestalozzi, Yverdon‹, und, froh unterzukommen, ein Zimmer mit Bad genommen. Zum letztenmal, wir kennen diesen seinen Vorsatz schon.

Das Zimmer würde zwanzig kosten, rechnete er, das war das mindeste, denn er hatte ein Doppelzimmer nehmen müssen. Er konnte kaum erwarten, unter fünfundzwanzig davonzukommen, auch wenn er nicht frühstückte, so daß die geringe Chance, diese böse Geschichte doch noch heil zu bestehen, indem man sich so schnell als möglich aus dem Staube machte, durch einige wenige fehlende Franken in Frage gestellt wurde.

Später dachte er, im warmen Wasser und angesichts seines nackten Leibes, an die Engländerin, die er im christlichen Hospiz wieder getroffen hatte. Er konnte keinen zwingenden Grund mehr angeben, der dieser Bekanntschaft hätte einen Sinn geben können, keine Leidenschaft vermochte er aufzuweisen, keine Liebe, nicht einmal Begierde, nur aus Laune, aus einem Gespräch im Speisewagen, den Vierwaldstätter See vor Augen, waren diese gleichgültigen Nächte in gleichgültigen Hotelzimmern entstanden, wohl weil er sich langweilte. Nun lag er im Bad, in einem Raum, den er nicht bezahlen konnte, und wartete auf die Polizei. Draußen ein demolierter Turm, ein in die Luft gesprengtes Heimatmuseum, ein aufgebrachtes Städtchen. Es war wie in einem schlimmen Märchen. Alles war miteinander verknüpft, eines bedingte das andere. Aus lauter Zufälligkeiten, aus einer unnötigen Liebesnacht, aus einem nachlässigen Verlassen des Zugs, aus einer rätselhaften Verwechslung war ein Ereignis entstanden, das sinnlos war, hatte er eine Tat begangen, die er nie hätte begehen wollen, die zu begehen er nie für möglich gehalten hätte, die jedoch wie keine andere den Unsinn seines Lebens aufdeckte.

Er beschloß, da die Polizei immer noch nicht erschien, doch zu frühstücken, und, sollte wunderbarerweise niemand auf seine Täterschaft gekommen sein, die Hoteldirektion anzupumpen, um mit dem ersten besten Zug aus Konigen zu flüchten. Sich das Frühstück in sein Zimmer kommen zu lassen, genierte er sich, weil das nachfolgende notwendige Gespräch mit der Leitung des ›Wilhelm Tell‹ ihm peinlich war.

So ging er hinunter, frisch gebadet, doch schritt er vorerst nicht ins Frühstückszimmer, sondern zum Coiffeur; auch dies eine Vorsichtsmaßnahme, wenn er schon Geld auftreiben mußte, wollte er dies so bankierhaft wie nur möglich tun.

Hundert Franken hoffte er zu erzielen, vielleicht auch hundertfünfzig, wenn er die richtigen Ausreden finden und mit der nötigen Selbstverständlichkeit auftreten würde, was ihm jedoch nicht mehr selbstverständlich war. Er hatte vorher, in seinem Leben als Bankier, wo er ja im Grunde auch ohne jeden Rappen gewesen war, mit der größten Leichtigkeit geborgt, Zehntausende, Hunderttausende von Franken; daß es ihm mit einemmale schwerfiel, stimmte ihn nachdenklich. Wenn diese technische Unsicherheit einreißen sollte, war es aus mit ihm.

Er mußte nach den Angaben des Portiers nur die Straße überqueren. Der Laden befand sich neben der Türe, aus der er gestern abend geflüchtet war. Draußen schien die Sonne, strahlend, vom Ende der Straße her, und der Himmel war vom hellsten Blau, doch war es immer noch kalt, alles schien ihm sibirisch.

De Schangnau, ohne Mantel, trat rasch ein, vom Geklingel der sich öffnenden Türe begleitet. Der Coiffeur las eben die Zeitung, den ›Expreß‹, und erhob sich, den Bankier zu bedienen.

»Rasieren.« De Schangnau setzte sich und bekam ein weißes Tuch um den Hals.

Sein rundes, verquollenes Gesicht im Spiegel war ihm unangenehm, Auge in Auge mit sich selber zum ersten Mal ekelhaft. Er kam sich geistlos und gemein vor, wie ein richtiger Attentäter. Der Coiffeur dagegen, ein langer Mensch mit feierlichen Bewegungen, sah in seinem Berufsmantel aus wie ein bedeutender Zahnarzt. Ob der Herr von Bern komme, fragte er, Schaum schlagend.

»Von Yverdon.«

Aus der Stadt Pestalozzis, stellte der Coiffeur fest.

»Sehr richtig«, sagte der Bankier. Er antwortete seit Jahren mit ›sehr richtig‹, wenn jemand den Zusammenhang von Yverdon und Pestalozzi wieder einmal feststellte.

Er habe gedacht, der Herr komme aus Bern, fing der Coiffeur von neuem an, sichtlich enttäuscht, von Bern, von der Untersuchungskommission. Der Herr sehe akkurat wie ein Detektiv aus, die hätten auch so was Geistiges, und seifte de Schangnau ein.

»Guten Morgen, Herr Stadtbaumeister«, grüßte er dabei mechanisch, »setzen Sie sich, mein Sohn wird Sie bedienen. Wilhelm, rasieren.«

Unter Geklingel war ein Herr eingetreten, hatte seinen Mantel an den Haken gehängt und nahm neben dem Bankier Platz. Ihre Blicke begegneten einander im Spiegel. Der Stadtbaumeister war ein kleiner Mann, dick, ohne fett zu sein, mit mächtigen Muskeln, wie man ahnte, fast wie ein Bauer gekleidet, mit einer schweren, silbernen Uhrenkette über dem Bauch.

Was es denn in Konigen zu untersuchen gebe, und wozu man Detektive brauche, fragte de Schangnau den Coiffeur vorsichtig, der das Messer schliff.

Der große Stöpsel sei in die Luft geflogen gestern nacht um zehn, antwortete der Coiffeur aufgeregt, nur noch einige Mauerreste und einige verkohlte Balken seien vorhanden, denn nach der Explosion habe der Turm zu brennen begonnen. »Ein wichtiges, man darf sagen, nationales Unglück, was mit unserem lieben Stöpsel, mit unserem alten, guten Stöpsel geschehen ist, nicht wahr, Herr Stadtbaumeister Künzi?« wandte er sich halb stolz, halb jammernd zum anderen Gast, den nun sein Sohn bediente, ein blondes, frisiertes Jüngelchen; doch gab Herr Künzi keine Antwort, aus seinen Augenschlitzen warf er nur hin und wieder einige aufmerksame Blicke auf dem Umweg über den Spiegel zu de Schangnau hinüber, fast drohend, wie der Bankier dachte.

In den Frühnachrichten im Radio vor dem Morgenturnen (er turne immer), in den Frühnachrichten sei die Meldung auch gekommen, prahlte der glückliche Coiffeur weiter, der seinen Gesprächsstoff gefunden hatte und auch festhielt, nur schade, daß der Sprecher von Beromünster sie im gleichen Tonfall berichtet habe wie irgendeine ausländische Nachricht, etwas Mitgefühl und Trauer wäre gerade diesmal durchaus in Ordnung gewesen bei dieser schweizerischen Katastrophe, das gehe nun einmal das ganze Schweizervolk an, einen Bundesrat so gut wie einen simplen Coiffeur, da müsse schon eine Königin oder der Papst sterben, um so einen Nachrichtensprecher in Rührung zu bringen; doch wurde er zum Glück unterbrochen. Durch erneutes Geklingel von der Türe her.

Der neue Kunde (ein stattlicher Mann mit weißem Schnurrbart, wie de Schangnau im Spiegel bemerkte) setzte sich auf einen der Stühle unter den Zeitungen, nahm die ›Schweizer Illustrierte‹ in die Hand und wurde vom Coiffeur in seiner überhöflichen Art als Metzgermeister Ziel begrüßt.

»Guten Morgen, Künzi«, lachte der Metzger, »lassest dir den Bart abnehmen, hast es auch nötig, wenn dir deine Türme, hops, in den Himmel springen«, und wie der Stadtbaumeister immer noch schwieg, wohl verletzt von den Grobheiten des Metzgers, lachte der, die Himmelfahrt des großen Stöpsels scheine Künzi die Sprache verschlagen zu haben.

»Und Ihnen das Trompetenblasen, Herr Ziel«, kam der Coiffeur dem Stadtbaumeister zu Hilfe und setzte das Messer an die linke Wange des Bankiers (die rechte hatte er schon bearbeitet).

»Bei meiner Seele, da hast du recht, Haarschneider«, sagte Ziel und steckte sich einen Stumpen in Brand, »da blies ich gestern im Umzug zu Ehren unserer hundertjährigen Frau Trudi Meier-Hühnlein-Schär-Hofer, deren zweiter Mann, der Hühnlein, vor sechzig Jahren Stadtpräsident gewesen ist – ihr erster, der Schär, war Apotheker, und ihr dritter, der Pfarrer Meier, ist ja nun auch vierzig Jahre tot, aber er hat mich noch konfirmiert – da blies ich gestern ›Näher mein Gott zu Dir‹ aus allen Leibeskräften, was sich das Geburtstagskind so wünschte, und plötzlich geht vor meiner Nase der große Stöpsel in die Luft, daß es eine wahre Pracht ist, und nicht nur vor meiner Nase, sondern auch vor unserer Feuerwehr, die teils mitblies, teils im Umzug marschierte, denn der Apotheker war auch Feuerwehrkommandant. Für mich ist es ein erhabener Augenblick gewesen, ich will da ehrlich sein, so etwas wie eine großartige Predigt von der Vergänglichkeit aller großen Stöpsel, jedenfalls, wenn die Pfarrer auch so zu predigen verstünden, ginge ich auch in die Kirche und dies jeden Sonntag; aber die Hundertjährige muß einen ordentlichen Schrecken bekommen haben ob dem schwefelgelben Blitz und dem Krachen, es war wie zu Sodom und Gomorrhas Zeiten, und sie wohnt nicht weit vom Stöpsel.«

Frau Meier-Hühnlein sei schwerhörig, versicherte der Coiffeur (nun mit der linken Backe des Bankiers zu Ende).

Das sei ein Glück für die alte Dame, beruhigte sich Herr Ziel, mit dem Weiterblasen sei es natürlich nichts gewesen, der Umzug habe zur Feuerwache rennen müssen, die Geräte und die Feuerspritze zu holen, doch habe man den Turm nicht retten können, ja, Mühe gehabt, das Feuer von den anliegenden Häusern fernzuhalten, eines sei halb eingestürzt, und es sei ein Wunder, daß man sich heute hier rasieren lassen könne, denn auch das Haus des Coiffeurs sei in Gefahr gewesen. Er sei nur neugierig, was denn nun die Kommission aus Bern, die noch diese Nacht angekommen sei, für Ursachen finden werde; was Gescheites sicher nicht.

Der Stöpsel sei in die Luft gesprengt worden, regelrecht und kunstvoll, behauptete der Coiffeur, das sei ihm klar. Nicht umsonst habe sich die Explosion zwei Tage vor der Fünfhundertjahrfeier der Bollenschlacht ereignet, vor einem der wichtigsten Daten der heimatlichen Geschichte, zwei Tage vor dem großen Umzug und dem Besuch der Bundesräte Etter, Feldmann und Petitpierre. Als Täter kämen nur die Kommunisten und die Freimaurer in Frage, dies sei logisch, doch von denen schieden die Moskauer aus, weil sie schwach seien und Stimmen nötig hätten, der Stöpsel sei populär, da würden sie es nicht wagen, ihre roten Finger daranzulegen. »Aber die Freimaurer«, rief er aus, »die sind stark, die können sich einen solchen Frevel leisten. Sie werden sehen, meine Herren, die Kommission aus Bern wird nichts finden, und wenn sie zehnmal die besten Detektive der Welt hätte, weil sie nichts finden darf. Aber der Kerl, der das Wahrzeichen unserer Stadt zerstörte, würde etwas erleben, wenn ich ihn unter mein Messer bekäme!«, und energisch schabte er an de Schangnaus Kehle herum, der Heimat zuliebe sei er noch durchaus zu einem Mord fähig, wie der Wilhelm Tell, der Arnold von Winkelried und die anderen alten Schweizer.

Er solle doch aufpassen, begehrte de Schangnau auf, etwas kleinlaut, da nun wirklich Blut floß, und ihm mit einemmal das unangenehme Gefühl aufstieg, der Coiffeur ahne, wen er da unter dem Messer habe.

»Pardon, mein Herr, pardon«, sagte der Coiffeur bestürzt, wie er sah, daß er den Bankier geritzt hatte, und behandelte ihn mit einem blutstillenden Stift, er sei untröstlich, er habe doch sonst die sicherste Hand von Konigen, nur heute sei er durch das nationale Unglück wie von Sinnen.

Das mit den Freimaurern sei Blödsinn, ärgerte sich inzwischen der Metzger von seinem Stuhle her, immer noch mit der ›Schweizer Illustrierten‹, der Haarschneider solle doch gerade noch mit den Juden kommen, dann hätte man die möglichen Sündenböcke beieinander. Eine Gasleitung werde geplatzt sein, sagte er, denn die Vernunft, die es brauche, den Stöpsel fortzuschaffen, traue er heutzutage weder einem Juden noch einem Freimaurer zu, und am allerwenigsten den Moskauern oder gar den anderen Parteien, seien dies nun die Katholiken, der Dutti oder ein Sozi. Man solle doch zugeben, daß der Stöpsel nichts als ein lästiges Verkehrshindernis gewesen sei, nur mit einem Volkswagen sei man hindurchgekommen, und auch dies nicht einmal richtig. Aber eben, wann ginge es in der Politik je um das, was klipp und klar auf der Hand liege, sonst wäre wohl der Stöpsel längst nicht mehr vorhanden. Er sage dies, obwohl der Stadtbaumeister hier sei und gerade deswegen. Kein Haus, keine Garage, keinen Kaninchenstall könne man heute bauen lassen, ohne daß er hineinrede, immer müßten die alten Zeiten berücksichtigt werden und die alten Stile, und einige Koniger täten so, als ob man heute noch mit Bärten und Morgensternen herumliefe.

»Herr Ziel«, antwortete der Coiffeur an Stelle des Stadtbaumeisters, der immer noch schwieg und den Blick auf de Schangnau gerichtet hielt, »Herr Ziel«, sagte er, während er den Bankier mit Eau de Cologne bestäubte, »es gibt außer dem Materiellen noch Geistiges, und der Stöpsel ist etwas Geistiges gewesen, ein heimatlicher Wert und ein Symbol des echten Schweizergeistes wie der Pestalozzi und der Gottfried Keller.« Er sei auch ein echter Schweizer, entgegnete der Metzgermeister und schwang die ›Schweizer Illustrierte‹ wie eine Fahne, und ein gerade so guter wie der Gottfried Keller, den er ebenfalls in der Schule gelesen habe, aber ein moderner, der sich nicht einbilde, wie der Künzi, an der Bollenschlacht mitgekämpft zu haben, unter dem Ritter Kuno von Zäziwil, von dem es ihn nur wunder nehme, ob er sein berühmtes »Wir siegen, denn wir haben den Geist« auch gesprochen hätte, wenn die damaligen Schwaben mit einer Atombombe gegen die Bollen gezogen wären. Man solle ihm nicht immer mit den Leistungen der alten Schweizer kommen. Steuerzahlen sei eine ebenso große Heldentat wie eine Schlacht zu gewinnen, und er bezahle mehr Steuern als alle in diesem Laden zusammengenommen. Die Zeit könne niemand zurückbiegen, und wäre er der beste Stadtbaumeister der Welt, man lebe nun einmal von der Milchsiederei, den Delta-Uhren, dem Karosseriewerk und von den Stumpen und der Fahrradfabrik und nicht vom großen Stöpsel. Ehrlichkeit, meine Herren, rief er aus, während der Coiffeur de Schangnau abbürstete, der sich erhoben hatte, Ehrlichkeit sei die wahre Schweizerart. Zuerst komme der Käse und dann erst der Stöpsel; dies sei nun einmal die natürliche Rangordnung, und nicht nur in Konigen, sondern auch in der ganzen Schweiz, die aus ihrem Nationalhelden Tell schon längst eine Reklamefigur gemacht habe. Darum solle man auch jetzt nicht ein gar so gewaltiges Unglück aus dem in die Luft geflogenen Stöpsel machen, hin sei hin, und niemand hindere einen, dessen Bild weiterhin auf die Produkte der Milchsiederei, der Stumpen und die Würste zu kleben, wohin es auch gehöre.

De Schangnau, endlich dem Coiffeurladen entwichen, ging über die Straße in den ›Wilhelm Tell‹ zurück und ins Frühstückszimmer. Er hatte Hunger. Er bestellte zwei Eier im Glas, was er besonders liebte, und Milchkaffee. Er saß am Fenster in der Sonne und sah, wie nun auch der Stadtbaumeister gegenüber den Laden verließ, unentschlossen das Gasthaus betrachtete und dann weiterging.

Am Nebentisch saß ein weiterer Gast des Hotels, dessen Ähnlichkeit mit dem Stadtbaumeister dem Bankier nun auffiel, er war ebenso wuchtig und gedrungen wie Künzi, doch nicht bäurisch gekleidet. Er saß in einer weiten Wildlederjacke mit Knickerbockern an seinem Tisch, durchaus wie ein Tourist, mit hohen genagelten Schuhen, und aß ein Spiegelei mit Schinken, dazu trank er Milch, Tomaten- und Orangensäfte.

Der Bankier hatte die ›Basler Nachrichten‹ mitgenommen. Darin blätterte er nun, während er auf die Eier und den Milchkaffee wartete, doch legte er die Zeitung mißmutig zurück, mit rotem Gesicht, da ihm unvermutet auf der zweiten Seite eine Überschrift aufgefallen war. Bankrott einer Bank in Yverdon. Er ließ sich vom Kellner noch das ›Koniger Tagblatt‹ reichen, das eben der Doppelgänger des Stadtbaumeisters zusammengerollt hatte. Hier war der Zusammenbruch der Bank de Schangnau und Le Locle auf der ersten Seite, vom demolierten Heimatmuseum jedoch noch keine Zeile, da das ›Tagblatt‹ am Abend erschien. Der

Bankier hatte sein Spiel verloren, und so ergab er sich denn. Er machte sich ans Essen. Er aß mit großem Appetit, etwas hastig, da er sich im klaren war, daß dies seine Henkersmahlzeit bedeutete. Es war sinnlos, noch den Versuch zu machen, von der Direktion des ›Wilhelm Tell‹ Geld zu erlangen, denn sie hatte den Artikel wohl auch gesehen, so daß er, in einem Anfall von Galgenhumor, auch eine Portion Schinken bestellte, wie sein Nebenmann, und, nachdem er sie verzehrt, von den Zigarren eine Costa Penna wählte, wieder einmal zum letztenmal. So war er bereit, sich zu stellen, ließ das Morgenessen auf die Rechnung schreiben, die er nicht bezahlen konnte, und machte sich auf, im Tweedmantel und in den Urwalddampf seiner Import gehüllt, die Polizei zu suchen.

Gespräch mit einem Anfänger

Es war halb elf. Zuerst wandte er sich nach dem Ort seines unfreiwilligen Attentats, er hielt es für angebracht, doch auch zu sehen, was er angerichtet hatte.

Mit einer gewissen Verblüffung nahm er die Trümmermassen inmitten der alten Häuser wahr, bestürzt, der Grund einer so großen Verheerung zu sein. Von der Pracht des Stöpsels war nichts mehr vorhanden, die Bombe hatte gründlich aufgeräumt. Auf dem Trümmerhaufen kletterten Polizisten in Zivil umher, frierend und mit geheimnisvollen Untersuchungen beschäftigt, einige mit langen Stangen, womit sie in den verkohlten Balken stocherten. Andere, in Uniformen, hielten die Koniger zurück, die verwundert auf die Überreste ihres Wahrzeichens starrten: die Männer, die Hände in den Manteltaschen, vom allgemeinen Zorn erfaßt, die Frauen mit Kindern auf den Armen. Schuljugend stand umher in Scharen, verzweifelte Lehrer. Irgendwo

Schluchzen, irgendwo Flüche, dumpfes Aufbegehren.

Der Bankier, der dies unwillkürlich doch ein wenig auf sich bezog, versuchte lieber nicht, die Menschenkette zu durchbrechen, die ihn vom Ort der Katastrophe fernhielt, sondern ging nach einigen Augenblicken pietätvollen Verweilens die Gasse zurück, durch die er gestern abend, bestrebt, der Feuerwehrmusik zu entweichen, die Bombe in den Armen, geflüchtet war, nun ärgerlich, da er bei einem Unterbruch der Häuserfront einen nahen Fluß bemerkte; hätte er dies gewußt, wäre die Bombe explodiert, ohne Schaden zu stiften, so kam die geographische Erkenntnis zu spät.

Er gelangte denn auch, wie er erwartet hatte, wieder auf den kleinen Platz, wo ihn gestern abend das Auto abgesetzt hatte; die Häuser siebzehntes, achtzehntes Jahrhundert, er sah seine Erinnerung bestätigt, auch das Hochhaus erkannte er wieder; daß es nicht zum übrigen paßte, fiel ihm ein zweites Mal auf.

Der Platz war fast leer, nur ein Verkehrspolizist stand in der Mitte mit weißem Helm und weißem Mantel, nicht ganz ersichtlich wozu; der Bankier fragte ihn nach der Polizeiwache. Er hatte nach dem Centralplatz zu gehen.

Die Altstadt war nach einigen Schritten zu Ende; was ihm während der nächtlichen, rasenden Fahrt großstädtisch geschienen hatte, kam ihm nun vor wie ein Kaff mit städtischem Einschlag.

De Schangnau blieb stehen und schaute die Hauptstraße entlang, die sich leicht senkte. Der Verkehr war der einer kleinen Stadt, viele Bauern, irgendwo war wohl Markt, Arbeiterfrauen, ein katholischer Geistlicher, Schüler, einige mit Mützen, was auf ein Gymnasium hindeutete. Die ersten Zeitungen über das Unglück erschienen, das ›Koniger Tagblatt‹, der ›Expreß‹, der ›Bund‹, und de Schangnau dachte befriedigt, daß jetzt etwas anderes als sein Bankrott zu lesen wäre.

Ein Trolleybus kam ihm entgegen, vom Bahnhof her, wie er annahm, schwenkte weiter unten ab, bei einem Wegweiser: Zürich, Bern, Lausanne.

Städtische Bauten, rote Häuser, gelbe, blaue, weiße, Häuser aus Holz, wie mit der Laubsäge gebastelt, aus Stein, aus Beton, eine Renaissancefassade, eine Schule, ein Jugendstilgebäude, die Kantonalbank, ein Warenhaus ›Chez Billeter‹, dann Kinos, drei, vier, sichtbar rechts und links der Straße, ›Capitol‹, ›Apollo‹, ›Alhambra‹, ›Metropol‹, mit grellen Inschriften, ›Limelight‹, ›Straße von Rio, Neunte Woche‹, ›Heidi‹, ›Die

Hafenmarie‹, mit küssenden Riesengesichtern, Riesenbusen, ein Konsum, ein Migrosgeschäft, Affichen von Ärzten, Schneidern, Coiffeurs, Schola Cantorum Konigiensis, Läden aller Art, die Metzgerei Ziel, ein weiteres Jugendstilgebäude, vielleicht ein Theater, Bauernhäuser, dazwischen an den Trottoirs Misthaufen und Milchkessel, dann auch Bars, Cafés mit großen Wagen davor, Studebaker, Mercedes, Buick, ein Jeep; die Delta-Uhren waren gesucht wie noch nie, warfen Geld ab wie noch nie, da sollte man sich doch beteiligen können, dachte der Bankier. Dazu die Fahnen und Wimpel der morgigen Schlachtfeier, die bernischen Fahnen, die von Konigen, blau mit gelben Querbalken, die roten Schweizerfahnen mit dem weißen Kreuz, des weiteren Spruchbänder ›Hie Konigen, hie Eidgenossenschaft‹, ›Konigen dankt dem Bunde‹, überall Plakate, die zum Festspiel ›Bollengeist und Bollentat‹ einluden.

Durch diese patriotische Allee hatte der Zerstörer des großen Stöpsels nun zu gehen, wollte er seine Untat melden. Noch zögerte er, begreiflicherweise. Auf dem anderen Trottoir stand der Stadtbaumeister in der Sonne, die mit ihrem Licht nichts vermochte, massig, ein gewalttätiger Bauer, trotz der Kälte mit offenem Mantel und ohne Halstuch, de Schangnau beobachtend. Der Bankier fror. Zum letzten Mal genoß er die Freiheit, wenn auch gequält, dazu wollte die Costa Penna nicht schmecken. Er ließ sie fallen und zertrat sie, wütend über das Geld, das er ausgegeben hatte, und erschrocken über die Sparsamkeit, die ihn da plötzlich anwandelte als unfehlbares Zeichen seiner Pleite.

»Mann«, sagte eine helle Stimme neben ihm, »Mann, du sollst kommen.«

De Schangnau wandte sich um. Im offenen Eingang einer Türe stand ein Mädchen, etwa zehnjährig, in einem dünnen, roten Rock und einer schmutzigen, halb zerrissenen Schürze, mit nackten Beinen, gelben Socken, ebenfalls zerrissen, und Sandalen, ein durchfrorenes Wesen, blau vor Kälte. Das kleine Gesicht war mager, die grünen Augen weit aufgerissen.

»Sollst kommen, Mann«, sagte es wieder.

Wie es heiße, fragte de Schangnau.

»Yvette.«

Zu wem er kommen solle?

»Zu Papa.«

Der Bankier starrte das Mädchen an, wie träumend. »Warum denn?« fragte er, sich an sein Mädchen zu Hause erinnernd, das auch Yvette hieß und ein ebenso schmales blondes Ding war, ihm ebenso fremdartig und unbekannt, und zum erstenmal spürte er Sehnsucht nach der Rue Pestalozzi.

»Wegen dem Turm«, antwortete das Mädchen mit seiner leisen, gläsernen Stimme, und sein Atem trieb in kleinen Wolken vom Gesicht.

»So komm«, sagte der Bankier, »so komm.«

Das Kind lief ihm hüpfend voraus, zuerst auf dem Trottoir. Sie kamen an einem Bäckerladen vorbei.

»Kauf mir einen Nußgipfel, Mann«, sagte das Mädchen, »Papa sagt, du hast Geld und wirst mir einen Nußgipfel kaufen.«

Der Bankier gab ihm einen Franken, Kleingeld hatte er nicht, und das Mädchen sprang in den Laden. Durch die Scheibe sah er, wie das rote, schmale Geschöpf mit leuchtenden Augen wählte, dann kam es wieder heraus.

»Ich habe zwei Nußgipfel gekauft, Mann«, sagte es, in beiden Händen eines der klebrigen Gebäcke und schon essend; daß es noch Geld herausbekommen haben mußte, erwähnte es nicht.

»Führ mich jetzt zu deinem Vater«, sagte der Bankier.

Das Mädchen hüpfte in eine Seitengasse und dann in einen Hof zwischen Wohnblöcken. Der Bankier zögerte.

Der Hof war asphaltiert, die Hinterfronten der Häuser schmutzig, die blaugraue Farbe blätterte ab, Wäsche hing überall vor den Fenstern, Windeln, zum Teil im grellen Licht der Sonne. Verrostete Eisenstangen, Karosserien alter Autos, Kanister, Schubkarren aus Eisen, Geräte aller Art standen herum, Wellblechdächer, unter denen Velos eingestellt waren, gegen hinten zu Holzschuppen und dann eine Fabrik, von den Schuppen halb verdeckt, mit rauchendem Kamin, ein süßlicher Geruch von Benzin in der Luft.

Das Kind war mitten im Hof stehengeblieben. »Komm, Mann«, sagte es, »komm.«

De Schangnau trat ein. Es war hier nicht so kalt wie auf der Straße, da die Mietshäuser vor der Bise schützten.

»Da ist Papa«, sagte das Mädchen und hüpfte zu einem jungen Mann, der sich an die Türe eines Schuppens lehnte, neben dem es stehenblieb und weiter Nußgipfel aß.

Der Mann schien höchstens zweiundzwanzig. Er war blond wie das Mädchen, die Haare borstig, das Gesicht rund und rosig, der Körper schmächtig, fast knabenhaft, mit einer Lederjacke bekleidet, mit Pelzkragen, Manchesterhosen und groben Schuhen.

»Kommen Sie näher«, sagte er zum Bankier,

»wir haben miteinander zu sprechen. Ich heiße Bein. Natürlich heiße ich nicht so, aber für Sie bin ich Bein.«

Es freue ihn, seine Bekanntschaft zu machen, antwortete der Bankier mit der Höflichkeit seines Berufs, und trat näher, unvorsichtigerweise, denn er lag mit einemmal auf dem Asphalt, von einem Fausthieb gefällt. Der junge Mann sah ruhig auf ihn nieder. Das Kind aß weiter. »Ist das ein böser Mann?« fragte es.

»Nein«, sagte Bein, »das ist er nicht. Stehen Sie auf«, wandte er sich dann an den Bankier, »kommen Sie.«

De Schangnau erhob sich mühsam.

»Kommen Sie in den Schuppen«, forderte Bein ihn auf, und de Schangnau ließ sich hereinführen. Er solle sich bücken, sonst beschmutze er sich, hier sei ein Handtuch und da ein Becken mit frischem Wasser. Es sei nur Nasenbluten, das gehe schnell vorüber, hörte er Bein sagen, während er das nasse Tuch gegen sein Gesicht preßte, das sich rot färbte.

Herr Bein habe sonderbare Manieren, meinte der Bankier endlich, wie das Blut gestillt war.

»Das Leben, nur das Leben«, bedauerte der andere. »Ich schlug Sie nieder, damit Sie wissen, mit wem Sie es zu tun haben, keine Enttäuschung erleben, und ein zweites Mal hoffe ich es nicht tun zu müssen. Es wäre mir peinlich, denn ich bin ein höflicher, doch konsequenter Mensch. Und nun geben Sie mir Ihre Karte.«

Sie standen in einem kleinen Holzschuppen voller Fässer, in den das Licht durch ein kleines Fenster mit verstaubten Scheiben fiel. Auf einer Kiste stand das Becken, nun mit blutigem Wasser, und daneben lag das Handtuch, ebenfalls blutig, alles sichtlich vorbereitet. Neben der Türe ein Haken, ein schwerer Hammer und ein großer Meißel.

Das Mädchen war auch hereingekommen, schaute de Schangnau an und aß am zweiten Nußgipfel.

Bein las die Karte, die ihm der Bankier übergeben hatte, nahm eine Brieftasche aus seiner Jacke und legte die Karte hinein. »Bertram Freiherr von Schangnau, Bankier, Rue Pestalozzi 10, Yverdon«, sagte er. »Ist das mit dem Freiherr in Ordnung?«

»Nein«, sagte de Schangnau.

»Sehen Sie, das dachte ich mir doch«, meinte der andere. »Verkracht? Habe es in der Zeitung gelesen, Ihre Bank ist flötengegangen. Nun wollen wir sehen, was Sie bei sich haben.« Er trat auf den Bankier zu, mit ruhigen Bewegungen, eigentlich durchaus sympathisch, durchsuchte de Schangnaus Taschen, tastete ihn ab, als suche er Waffen. »Sieben Franken sechzig«, sagte er, indem er de Schangnaus Portemonnaie leerte. Eine Quittung könne er ihm leider nicht geben, und auch die Fahrkarte nicht lassen, wirklich, es tue ihm leid, und auch die goldene Armbanduhr sei zum Leben nicht unbedingt nötig.

Der Bankier wehrte sich nicht, zuckte nur bedauernd die Achseln, er hatte am Faustschlag genug, und nach Heldentum war ihm nicht zumute, der falsche Freiherrtitel, eben eingestanden, enthob ihn dieser Zumutung. Eine Gauloise, fragte Bein und hielt ihm ein geöffnetes Zigarettenetui hin. Der Bankier dankte, es rieche nach Benzin, in den Fässern sei wohl solches enthalten, und so sei ihm das Rauchen denn doch zu gefährlich. Wie der Freiherr wünsche, antwortete der andere und steckte sich eine Gauloise in Brand, blies den Rauch durch die Nase. Was dies nun alles bedeute, fragte de Schangnau. Er habe vor, ein Geschäft zu machen, erklärte Bein die merkwürdige Szene. Am liebsten möchte er einen Zigarrenladen eröffnen, doch nicht hier in Konigen, das ihm nicht liege, sondern in Zürich. Er brauche Kultur, gute Musik, anständiges Theater, hier komme er auf den Hund, moralisch und finanziell. Das sei ein löblicher Entschluß, bestätigte de Schangnau, jedenfalls bedeute dies dem gegenüber, was Herr Bein jetzt treibe, einen Fortschritt.

»Wir sind wohl beide gleich weit vom Zuchthaus«, stellte der andere fest, »Sie haben den Stöpsel in die Luft gesprengt.«

Woher er das wisse, fragte der Bankier, dem seine Lage deutlicher wurde, nun doch bereit, eine Zigarette zu rauchen. Bein schwieg. Ob er ihn erpressen wolle, forschte de Schangnau.

»Warum nicht?« gab der andere seine Absicht endlich zu, schaute den Bankier nachdenklich an und gab ihm Feuer.

Es gehe noch einen Nußgipfel kaufen, es habe noch Geld von dem Mann, sagte das Mädchen, dem es im Schuppen langweilig geworden war, öffnete die Türe und hüpfte davon. Die beiden traten auch hinaus und standen nun in der Sonne. Von der Fabrik her gingen Arbeiter an ihnen vorbei. »Ihr Vorschlag?« fragte de Schangnau und blickte nach einer Frau, die auf einem Balkon Wäsche von der Leine nahm.

»Zwanzigtausend.«

Soviel könne er nicht zahlen, antwortete der Bankier.

»Weiß ich«, sagte Bein, »Sie sind ruiniert,

und so können Sie sich mein Schweigen nicht leisten.«

Dem Bankier kam die Begegnung immer unwirklicher vor. Warum er denn diesen Vorschlag gemacht habe?

Um ihm eine Chance zu geben, antwortete der andere in seiner rätselhaften Art, dies verlange die Höflichkeit, auch wenn kaum eine Möglichkeit vorhanden sei, daß der Freiherr davonkomme. Zwanzig für sein Schweigen sei recht und billig, denn zwanzig hätte man ihm geboten.

»Wofür?« fragte de Schangnau.

»Damit ich Sie töte«, sagte Bein.

Nun fing eine Frau auf einem anderen Balkon an, Teppich zu klopfen, ihr folgten weitere Frauen, dicke, gesunde Frauenzimmer mit gewaltigen Armen und Kräften. War das Gespräch eher behutsam geführt worden, so mußten nun die beiden schreien, wollten sie sich einander verständlich machen, dazu hatten sie einem Lastwagen auszuweichen, der in den Hof gefahren kam, von dem Arbeiter lange Eisenstangen abluden.

Er könne natürlich auch den Auftraggeber erpressen, erklärte Bein durch den Lärm hindurch, und auch in diesem Falle würde er zwanzig verlangen, er gehe korrekt vor, ehrenhaft auch im zweifelhaften Geschäft.

Herr Bein scheine unentschlossen, stellte de Schangnau fest.

Er wisse, wer das Heimatmuseum in die Luft gesprengt und wer die Bombe hergestellt habe, schrie der andere, dies gelte es auszunützen. Wissen sei Macht.

Der Bankier, durch die Nähe der Arbeiter und der Frauen mutig geworden, überdrüssig der verwirrenden Situation, trat zu Bein und faßte ihn am Pelzkragen.

»Herr«, schrie er und hatte Mühe, sich im immer tosenderen Lärm verständlich zu machen, denn nun klopften an die zehn Frauen ihre Teppiche aus, und unter bösartigem Zischen entwich eine Dampfwolke der Fabrik, »Herr«, schrie er, »von wem Sie zwanzigtausend verdienen wollen, indem Sie mich zu ermorden suchen oder einen anderen zu erpressen, ist mir gleichgültig. Ich hoffe nur, daß Sie einsehen, wie dumm und gemein Sie handeln.«

Ob Herr de Schangnau dies wirklich glaube, erbleichte der andere, nahm die Hände des Bankiers von seinem Kragen und zog den Überraschten aus dem Hof in die Seitengasse, wo er ihn fahren ließ.

»Das Leben, nur das Leben«, stammelte er bestürzt, »es ist das erste Mal, daß ich so etwas mache. Ich habe nicht die geringste Erfahrung. Auch dem Antrag, Sie zu töten, stehe ich hilflos gegenüber, ohne Ahnung, wie man das anstellt, wir sind schließlich in Konigen und nicht in Paris oder Chicago. Ich bin für jeden Rat dankbar, glauben Sie mir. Und vor allem habe ich Angst, scheußliche Angst, es könne schiefgehen.«

Sie gingen zur Hauptstraße, Bein hatte das Rosige verloren und war nun nichts weiter als ein hilfloser, schüchterner Bursche. Ob er ihn in seine Wohnung einladen dürfe, fragte er den Bankier, sie sei nicht weit von hier. De Schangnau schüttelte den Kopf. Er wisse genau, wo Bein wohne, sagte er, er habe das Mädchen in der Türe stehen sehen, doch in Anbetracht der Aufträge, die Herr Bein entgegennehme, lasse er einen Besuch lieber bleiben.

»Schade«, sagte Bein.

Er bedaure auch, entgegnete der Bankier, er gehe nun zur Polizei und sei entschlossen, sein Mißgeschick zu gestehen. Ob er dann auf ihn zu sprechen komme, fragte der andere.

»Natürlich.«

Wie sie die Hauptstraße erreichten, stand das Mädchen wieder da, durchfroren, immer noch Nußgipfel essend und neugierig auf die beiden starrend.

Zum Centralplatz gehe es hier hinunter, sagte Bein, etwas kleinlaut, immer der Hauptstraße nach. Die Polizei befinde sich neben der Schweizerischen Kreditanstalt.

De Schangnau nickte, er habe sich schon bei einem Polizisten erkundigt.

»Ich will Sie nicht hindern«, sagte Bein, »Sie sind ein freier Mann. Hören Sie sich die Brüder einmal an. Handeln Sie nicht überstürzt. Kommen Sie nicht gleich mit einem Geständnis, suchen Sie zu erfahren, wie weit die schon im Bilde sind. Ich meine es gut mit Ihnen, glauben Sie mir.«

Beins Unverschämtheit sei ebenso groß wie seine Naivität, lachte de Schangnau. »Ich werde die Brüder vor allem einmal bitten, Sie anzuhören.«

Der junge Mann schüttelte traurig den Kopf. »Sie verkennen die Situation«, sagte er. »Ich bin überzeugt, daß die Polizei nicht ahnt, wer den Stöpsel demolierte. Es wäre nicht fair, sich unter diesen doch günstigen Umständen fallenzulassen und zu gestehen.«

Da ihn das wunderliche Ansinnen Beins belustigte, schüttelte de Schangnau den Kopf, wenn auch nicht ohne eine unerklärliche Beunruhigung. Auch bemerkte er, wie jenseits der Straße immer noch der Stadtbaumeister stand. Nichts schien sich seit dieser merkwürdigen Begegnung verändert zu haben.

»Ich bin ehrlich mit Ihnen«, fuhr Bein fort, nun schlotternd vor Kälte und dampfenden Atems. »Meine Chance ist, zwanzigtausend zu verdienen, und Sie wünschen davonzukommen. Wenn Sie sich der Polizei übergeben, bin ich verloren, weil ich das Geld nicht habe, und Sie sind es, weil Ihnen niemand glauben wird. Gestehen Sie nicht, besteht Hoffnung, daß ich ein kleines Vermögen finde, sei es auch, indem es mir gelingt, Sie zu töten, doch besteht auch Hoffnung für Sie: die nämlich, daß Sie mich besiegen und Konigen unerkannt verlassen. Sie bleiben frei, wenn Sie sich nicht der Polizei übergeben, damit treten Sie jedoch auch in eine Zone der Gefahr und des Kampfes, das gebe ich zu. Doch gerade dies sollte einer nicht vermeiden. Leben Sie wohl, Freiherr, Sie haben sich zu entscheiden. Es war ein Gespräch unter Männern. Ich hoffe, Sie wiederzusehen, mein schweres Ziel zu erreichen, und wünsche Ihnen alles Gute.«

Bein nahm die Hand seines Töchterchens und schritt der Altstadt zu, wandte sich jedoch noch einmal um. »Das Leben, nur das Leben«, stammelte er und winkte wehmütig dem Bankier zu, der denn auch dem Anfänger in einem so bedenklichen Beruf zunickte, so daß sie nicht unfreundlich voneinander schieden.

Erstes Telephongespräch

Nach zwei Schritten in der Richtung auf den Centralplatz hin blieb er wieder stehen und begann an seine Ehe zu denken. Unvermittelt, möglicherweise um nicht über seinen Fall, über die Zerstörung des Stöpsels, über Bein nachdenken zu müssen. Er stand vor dem Schaufenster der Metzgerei Ziel.

Madeleine Le Locle hatte er vor nun zwölf Jahren geheiratet, die Ehe war die ersten Jahre glücklich gewesen; mit dem jungen Bankier, der sein Geld verschleuderte, ließ sich leben, doch dann war die Ehe abgestorben, wie ein Baum plötzlich abstirbt, dachte de Schangnau, man weiß nicht, warum. In diesem Augenblick vor der Metzgerei Ziel mußte er sich überlegen, wie eigentlich seine Frau jetzt aussehe, er sah immer das blonde verfrorene Mädchen vor sich mit dem dünnen roten Rock, das ihn zu Bein gebracht und ihn an seine Tochter Yvette erinnert hatte, wenn er an Madeleine dachte. Vielleicht, daß seine Frau in der Jugend so ausgesehen hatte oder daß sie jetzt so aussah, so frierend, so arm. Er wünschte mit einemmal, mit ihr zu telephonieren, und wollte schon die Straße überqueren, weil eine Telephonkabine auf der anderen Straßenseite stand, doch hielt er ärgerlich inne. Er hatte kein Geld.

Er schritt zu seinem Hotel zurück, froh, ohne daß er sich dies recht eingestand, seinen Besuch bei der Polizei aufschieben zu können. Zwar verirrte er sich. Er stand unvermutet von neuem vor dem Stöpsel, flüchtete zurück, stand wieder vor ihm. Nun war auch die Presse angerückt, Photographen, Journalisten, eine noch größere Menschenansammlung als vor einer Stunde. De Schangnau erreichte den ›Wilhelm Tell‹.

Nachweis

Bei *Die Entstehung der ›Panne‹* (Titel vom Verlag) handelt es sich um einen Ausschnitt aus Friedrich Dürrenmatts autobiographischem Werk *Stoffe*, datierbar auf 1970/71, unveröffentlicht.

Die Erzählung *Die Panne* entsteht 1955 bis August 1956, bereits mit dem Untertitel ›Eine noch mögliche Geschichte‹. Für das gleichnamige Hörspiel, das Ende 1955 im Auftrag des Bayerischen Rundfunks entsteht, stützt sich Dürrenmatt auf eine Arbeitsfassung der Erzählung, verändert allerdings den Schluß; die Erstausstrahlung des Hörspiels ist am 17. Januar 1956 und erhält im selben Jahr den *Hörspielpreis der Kriegsblinden*. In der Prosafassung läßt Dürrenmatt den Angeklagten Selbstmord begehen, im Hörspiel dagegen fährt Traps am nächsten Morgen, nüchtern geworden, weiter und schüttelt das Erlebnis ab, um dem nächsten Gegner »den Hals umzudrehen«. Aus: Friedrich Dürrenmatt, *Der Hund – Der Tunnel – Die Panne*. Erzählungen. Werkausgabe in siebenunddreißig Bänden (WA), Band 21, Zürich: Diogenes 1998, S. 35–94.

Das Haus ist eine der Binnenerzählungen aus dem gleichnamigen VII. Teil von *Turmbau. Stoffe IV–IX,* Zürich: Diogenes 1990. Aus: WA, Band 29, S. 176–187.

Vermutlich 1953 beginnt Dürrenmatt seinen ›Konigen-Roman‹ *Aufenthalt in einer kleinen Stadt,* bricht aber 1954 die Arbeit ab. Das Kapitel ›Im Coiffeurladen‹ wird erstmals am 21. April 1957 in der ›Neuen Zürcher Zeitung‹ publiziert. Im Rahmen des *Stoffe*-Projekts setzt sich Dürrenmatt in den 1970er Jahren erneut mit *Aufenthalt in einer kleinen Stadt* auseinander, ohne jedoch den Text weiterzuführen. *Aufenthalt in einer kleinen Stadt* erscheint 1980 als Fragment von vier Kapiteln, die weitgehend der Fassung von 1954 entsprechen, in der Werkausgabe 1980 im Diogenes Verlag, Zürich. Aus: Friedrich Dürrenmatt, *Das Versprechen. Requiem auf den Kriminalroman / Aufenthalt in einer kleinen Stadt. Fragment.* WA, Band 23, S. 165–200.

Bitte beachten Sie auch die folgenden Seiten

Friedrich Dürrenmatt im Diogenes Verlag

Werkausgabe in 37 Bänden mit einem Registerband

Jeder Band enthält einen Nachweis zur Publikations- und gegebenenfalls Aufführungsgeschichte sowie zur Textgrundlage

● Das dramatische Werk

Es steht geschrieben/ Der Blinde
Frühe Stücke

Romulus der Große
Eine ungeschichtliche historische Komödie in vier Akten. Neufassung 1980

Die Ehe des Herrn Mississippi
Eine Komödie in zwei Teilen (Neufassung 1980) und ein Drehbuch

Ein Engel kommt nach Babylon
Eine fragmentarische Komödie in drei Akten. Neufassung 1980

Der Besuch der alten Dame
Eine tragische Komödie. Neufassung 1980
Auch als Hörspiel mit Lina Carstens, Kurt Horwitz, Peter Lühr und vielen anderen erschienen (Diogenes Hörbuch)

Frank der Fünfte
Komödie einer Privatbank. Neufassung 1980

Die Physiker
Eine Komödie in zwei Akten. Neufassung 1980
Auch als Hörspiel mit Amido Hoffmann, Tilli Breidenbach, Hans-Christian Blech, Hanns Ernst Jäger, Bruno Hübner und vielen anderen erschienen (Diogenes Hörbuch)

Herkules und der Stall des Augias/Der Prozeß um des Esels Schatten
Griechische Stücke. Neufassung 1980

Der Meteor/ Dichterdämmerung
Zwei Nobelpreisträgerstücke. Neufassungen 1978 und 1980

Die Wiedertäufer
Eine Komödie in zwei Teilen. Urfassung

König Johann/ Titus Andronicus
Shakespeare-Umarbeitungen

Play Strindberg/ Porträt eines Planeten
Übungsstücke für Schauspieler

Urfaust / Woyzeck
Zwei Bearbeitungen

Der Mitmacher
Ein Komplex. Text der Komödie (Neufassung 1980), Dramaturgie, Erfahrungen, Berichte, Erzählungen. Mit Personen- und Werkregister

Die Frist
Eine Komödie. Neufassung 1980

Die Panne
Ein Hörspiel und eine Komödie

Nächtliches Gespräch mit einem verachteten Menschen/Stranitzky und der Nationalheld/Das Unternehmen der Wega
Hörspiele und Kabarett

Achterloo
Achterloo I / Rollenspiele (Charlotte Kerr: ›Protokoll einer fiktiven Inszenierung‹; Friedrich Dürrenmatt: ›Achterloo III‹) / Achterloo IV / Abschied vom Theater
Mit Personen- und Werkregister

● Das Prosawerk

Aus den Papieren eines Wärters
Frühe Prosa

Der Richter und sein Henker / Der Verdacht
Die zwei Kriminalromane um Kommissär Bärlach

Der Hund / Der Tunnel / Die Panne
Erzählungen

Grieche sucht Griechin / Mister X macht Ferien / Nachrichten über den Stand des Zeitungswesens in der Steinzeit
Grotesken

Das Versprechen
Requiem auf den Kriminalroman /
Aufenthalt in einer kleinen Stadt
Fragment

Der Sturz / Abu Chanifa und Anan ben David / Smithy / Das Sterben der Pythia
Erzählungen

Minotaurus / Der Auftrag oder Vom Beobachten des Beobachters der Beobachter / Midas oder Die schwarze Leinwand
Prosa

Justiz
Roman

Durcheinandertal
Roman

Labyrinth
Stoffe I–III: ›Der Winterkrieg in Tibet‹ / ›Mondfinsternis‹ / ›Der Rebell‹. Vom Autor revidierte Neuausgabe. Mit Personen- und Werkregister
Auch als Diogenes Hörbuch erschienen, gelesen von Wolfgang Reichmann

Turmbau
Stoffe IV–IX: ›Begegnungen‹ / ›Querfahrt‹ / ›Die Brücke‹ / ›Das Haus‹ / ›Vinter‹ / ›Das Hirn‹. Mit Personen- und Werkregister

Theater
Essays, Gedichte und Reden. Mit Personen- und Werkregister

Kritik
Kritiken und Zeichnungen. Mit Personen- und Werkregister

Literatur und Kunst
Essays, Gedichte und Reden. Mit Personen- und Werkregister

Philosophie und Naturwissenschaft
Essays, Gedichte und Reden. Mit Personen- und Werkregister

Politik
Essays, Gedichte und Reden. Mit Personen- und Werkregister

Zusammenhänge
Essay über Israel. Eine Konzeption /
Nachgedanken
unter anderem über Freiheit, Gleichheit und Brüderlichkeit in Judentum, Christentum, Islam und Marxismus und über zwei alte Mythen. 1980
Mit Personen- und Werkregister

Versuche / Kants Hoffnung
Essays und Reden. Mit Personen- und Werkregister

Gedankenfuge
Essays. Mit Personen- und Werkregister

Der Pensionierte
Fragment eines Kriminalromans (Text der Fassung letzter Hand)

Registerband zur Werkausgabe Friedrich Dürrenmatt
Chronik zu Leben und Werk. Bibliographie der Primärliteratur. Gesamtinhaltsverzeichnis. Alphabetisches Gesamtwerkregister. Personen- und Werkregister aller 37 Bände

Außerhalb der Werkausgabe lieferbar:

● Gespräche

Gespräche 1961–1990
4 Bände in Kassette. Band 1: Der Klassiker auf der Bühne 1961–1970. Band 2: Die Entdeckung des Erzählens 1971–1980. Band 3: Im Bann der ›Stoffe‹ 1981–1987. Band 4: Dramaturgie des Denkens 1988–1990. Herausgegeben von Heinz Ludwig Arnold. In Zusammenarbeit mit Anna von Planta und Jan Strümpel

● Briefe

Max Frisch/Friedrich Dürrenmatt
Briefwechsel
Mit einem Essay des Herausgebers Peter Rüedi. Mit zwei Faksimiles

● Einzelausgaben

Der Richter und sein Henker
Kriminalroman. Studienausgabe mit zahlreichen Fotos aus dem Film und einem Anhang
Auch als Diogenes Hörbuch erschienen, gelesen von Hans Korte

Der Verdacht
Kriminalroman. Mit einer biographischen Skizze des Autors
Auch als Diogenes Hörbuch erschienen, gelesen von Hans Korte

Die Panne
Eine noch mögliche Geschichte

Grieche sucht Griechin
Eine Prosakomödie

Das Versprechen
Requiem auf den Kriminalroman
Auch als Diogenes Hörbuch erschienen, gelesen von Hans Korte

Minotaurus
Eine Ballade. Mit Zeichnungen des Autors

Der Auftrag
oder Vom Beobachten des Beobachters der Beobachter. Novelle in vierundzwanzig Sätzen
Auch als Diogenes Hörbuch erschienen, gelesen von Charlotte Kerr und Gert Heidenreich

Durcheinandertal
Roman

Der Pensionierte
Fragment eines Kriminalromans (Bibliophile Ausgabe). Text der Fassung letzter Hand. Faksimile des Manuskripts. Faksimile des Typoskripts mit handschriftlichen Änderungen. Mit einem Nachwort von Peter Rüedi und einem editorischen Bericht

Der Pensionierte
Fragment eines Kriminalromans (Text der Fassung letzter Hand). Mit einem möglichen Schluss von Urs Widmer und einem Nachwort von Peter Rüedi

Die Kriminalromane
Der Richter und sein Henker / Der Verdacht / Das Versprechen / Justiz / Der Pensionierte
Auch als Diogenes Hörbuch erschienen: *Drei Kriminalromane* (Der Richter und sein Henker / Der Verdacht / Das Versprechen), gelesen von Hans Korte

Die Stücke
Es steht geschrieben / Der Blinde / Romulus der Große / Die Ehe des Herrn Mississippi / Ein Engel kommt nach Babylon / Der Besuch der alten Dame / Frank der Fünfte / Die Physiker / Herkules und der Stall des Augias / Der Meteor / Porträt eines Planeten / Der Mitmacher / Die Frist / Achterloo IV

Albert Einstein
Ein Vortrag

● Anthologien und Sammelbände

Das Mögliche ist ungeheuer
Ausgewählte Gedichte. Mit einem Nachwort von Peter Rüedi

Das Dürrenmatt Lesebuch
Herausgegeben von Daniel Keel. Mit einem Nachwort von Heinz Ludwig Arnold

Meine Schweiz
Ein Lesebuch. Herausgegeben von Heinz Ludwig Arnold, Anna von Planta und Ulrich Weber. Mit einem Vorwort von Heinz Ludwig Arnold

Der Tunnel
und andere Meistererzählungen. Ausgewählt von Daniel Keel. Mit einem Nachwort von Reinhardt Stumm

Denken mit Friedrich Dürrenmatt
Ausgewählt und zusammengestellt von Daniel Keel und Anna von Planta

● Das zeichnerische Werk

Die Heimat im Plakat
Ein Buch für Schweizer Kinder

Die Mansarde
Die Wandbilder aus der Berner Laubeggstraße. 24 Abbildungen mit Texten von Friedrich Dürrenmatt. Mit einem Essay von Ludmila Vachtova

● Über Dürrenmatt

Über Friedrich Dürrenmatt
Essays, Zeugnisse und Rezensionen. Mit Chronik und Bibliographie. Herausgegeben von Daniel Keel. Verbesserte und erweiterte Ausgabe 1998

Friedrich Dürrenmatt Schriftsteller und Maler
Ein Bilder- und Lesebuch zu den Ausstellungen im Schweizerischen Literaturarchiv Bern und im Kunsthaus Zürich

Heinz Ludwig Arnold
Querfahrt mit Friedrich Dürrenmatt
Aufsätze und Reden

Peter Rüedi
Dürrenmatt oder Die Ahnung vom Ganzen
Biographie

Dürrenmatt
Sein Leben in Bildern. Herausgegeben von Anna von Planta, Ulrich Weber, Monika Stefanie Boss, Kati Hertzsch, Winfried Stephan, Margaux de Weck

Peter Rüedi
Dürrenmatt oder Die Ahnung vom Ganzen

Mit zahlreichen Abbildungen

Die erste große Biographie über Friedrich Dürrenmatt – vom Pfarrerssohn aus dem Emmental zum Autor von Weltruhm und mit Millionenauflagen, glänzend und packend geschrieben von Peter Rüedi, einem der ausgewiesensten Dürrenmatt-Kenner.
Das Buch verfolgt, wie sich ein großer Autor selbst findet, bis zu dem Punkt, an dem ihn auch die Welt entdeckt – mit dem Erfolgsstück *Der Besuch der alten Dame* und dem Meisterwerk unter seinen Kriminalromanen, *Das Versprechen*.

Anders als bei vielen Schriftstellern, die sich selbst und ihr Leben in ihren Büchern zum Thema machen, kennen wir Friedrich Dürrenmatt nicht, wenn wir sein Werk kennen. Selbst aus seinen autobiographischen *Stoffen* hat Dürrenmatt während des Schreibens alles Intime herausgefiltert.

Die Biographie basiert auf vielen ausführlichen Gesprächen mit Friedrich Dürrenmatt, mit der Familie, mit Weggefährten, Freunden und einer erstmaligen umfassenden Auswertung des riesigen Nachlasses im Schweizerischen Literaturarchiv in Bern.

»Dürrenmatt gehört zu den ganz wenigen Genies der Nachkriegsliteratur deutscher Sprache. Ein Meteor wie Büchner und Kafka.« *Hans Mayer*

»Dieser Autor hat unser ›Weltgefühl‹ verändert.«
Joachim Kaiser

Friedrich Dürrenmatt
Die Kriminalromane
Der Richter und sein Henker
Der Verdacht · Das Versprechen
Justiz · Der Pensionierte

Mit einem Anhang zur Entstehungsgeschichte der Romane und zu den Verfilmungen

In *Der Richter und sein Henker* (1950) betritt Dürrenmatts Ermittler zum ersten Mal die Bühne: Kommissär Bärlach, ein Urgestein des Rechtssystems. Um einen Mord aufzuklären, bleibt ihm aus gesundheitlichen Gründen nur wenig Zeit. Wie Bärlach dabei mit den Begriffen Gerechtigkeit, Moral, Schuld und Strafe umgeht, ist ein Thema, das sich durch alle Kriminalromane Dürrenmatts zieht. So auch in *Der Verdacht* (1951), wo der Kommissär ein zweites Mal gegen Tod und Ungerechtigkeit kämpft: aus unbändigem Trotz, »in dieser Welt zu bestehen und für eine andere, bessere zu kämpfen«.

In *Das Versprechen* (1958) versucht ein anderer Kommissär, Matthäi, verbissen, einen Kindermörder zur Strecke zu bringen. Dafür scheut er weder die Gefahr noch deren Folgen.

Justiz (1985) thematisiert die Verwicklungen eines jungen Rechtsanwalts im feinen Netz aus Gerechtigkeit, Rechtssystem und Moral.

Seinen fünften (und unvollendeten) Kriminalroman *Der Pensionierte* (1995) begann Dürrenmatt bereits 1969, schrieb ihn jedoch immer wieder um. Der Held des Romans, der kranke, fresssüchtige Kommissär Höchstettler, ist Bärlach wie aus dem Gesicht geschnitten.

»So bin ich denn ein abgedankter Dramatiker. Ich schreibe an einem Kriminalroman, und es macht mir Spaß. Ich ziehe mich in Gebiete zurück, wo niemand Literatur vermutet, und mache sie dort.«
Friedrich Dürrenmatt in einem Brief an Max Frisch

»Die Kriminalromane sind im Hinblick auf Dürrenmatts Ästhetik geradezu Schlüsselwerke.«
Peter Rüedi / Die Weltwoche, Zürich

Das Diogenes Hörbuch zum Buch:

Drei Kriminalromane
Der Richter und sein Henker
Der Verdacht · Das Versprechen
Ungekürzt gelesen von **Hans Korte**

Hugo Loetscher im Diogenes Verlag

Hugo Loetscher wurde 1929 in Zürich geboren. Er war seit 1969 als freier Schriftsteller und Publizist tätig und bereiste regelmäßig Lateinamerika, Südostasien und die USA. Hugo Loetscher war Gastdozent an verschiedenen internationalen Universitäten und Mitglied der Darmstädter Akademie für Sprache und Dichtung. 1992 wurde er mit dem Großen Schiller-Preis der Schweizerischen Schillerstiftung ausgezeichnet. Er starb 2009 in Zürich.

Wunderwelt
Eine brasilianische Begegnung

Herbst in der Großen Orange

Der Waschküchenschlüssel oder Was – wenn Gott Schweizer wäre
Geschichten
Auch als Diogenes Hörbuch erschienen, gelesen von Emil Steinberger

Der Immune
Roman

Die Papiere des Immunen
Roman

Die Fliege und die Suppe
und 33 andere Tiere in 33 anderen Situationen. Fabeln

Die Kranzflechterin
Roman

Abwässser
Ein Gutachten

Der predigende Hahn
Das literarisch-moralische Nutztier. Mit Abbildungen, einem Nachwort, einem Register der Autoren und Tiere sowie einem Quellenverzeichnis

Die Augen des Mandarin
Roman

Vom Erzählen erzählen
Poetikvorlesungen. Mit Einführungen von Wolfgang Frühwald und Gonçalo Vilas-Boas

Der Buckel
Geschichten

Lesen statt klettern
Aufsätze zur literarischen Schweiz

Es war einmal die Welt
Gedichte

War meine Zeit meine Zeit

Das Entdecken erfinden
Unterwegs in meinem Brasilien. Herausgegeben und mit einem Nachwort von Jeroen Dewulf

Außerdem erschienen:

In alle Richtungen gehen
Reden und Aufsätze über Hugo Loetscher. Herausgegeben von Jeroen Dewulf und Rosmarie Zeller

Alice Vollenweider & Hugo Loetscher
Kulinaritäten
Ein Briefwechsel über die Kunst und die Kultur der Küche

Urs Widmer im Diogenes Verlag

Vom Fenster meines Hauses aus
Prosa

Schweizer Geschichten

Liebesnacht
Eine Erzählung

Die gestohlene Schöpfung
Ein Märchen

Der Kongreß der Paläolepidopterologen
Roman

Das Paradies des Vergessens
Erzählung

Der blaue Siphon
Erzählung

Die sechste Puppe im Bauch der fünften Puppe im Bauch der vierten
und andere Überlegungen zur Literatur. Grazer Vorlesungen 1991

Im Kongo
Roman

Vor uns die Sintflut
Geschichten

Der Geliebte der Mutter
Roman
Auch als Diogenes Hörbuch erschienen, gelesen von Urs Widmer

Das Geld, die Arbeit, die Angst, das Glück.

Das Buch des Vaters
Roman
Auch als Diogenes Hörbuch erschienen, gelesen von Urs Widmer

Ein Leben als Zwerg

Vom Leben, vom Tod und vom Übrigen auch dies und das
Frankfurter Poetikvorlesungen

Herr Adamson
Roman

Stille Post
Kleine Prosa

Gesammelte Erzählungen

Reise an den Rand des Universums
Autobiographie

Außerdem erschienen:

Shakespeares Königsdramen
Nacherzählt und mit einem Vorwort von Urs Widmer. Mit Zeichnungen von Paul Flora

Valentin Lustigs Pilgerreise
Bericht eines Spaziergangs durch 33 seiner Gemälde. Mit Briefen des Malers an den Verfasser

Das Schreiben ist das Ziel, nicht das Buch
Urs Widmer zum 70. Geburtstag. Herausgegeben von Daniel Keel und Winfried Stephan

Die schönsten Geschichten aus Tausendundeiner Nacht
Erzählt von Urs Widmer. Mit vielen Bildern von Tatjana Hauptmann

Liebesbrief für Mary
Erzählung
Diogenes Hörbuch, 3 CD, ungekürzt gelesen von Wolfram Berger